改訂版　｜聞いて覚えるコーパス 英熟語｜

キクジュク

【中学英熟語】

高校入試レベル

アルク

英語の超人になる！
アルク学参シリーズ

受験のために必死で勉強する、これはすばらしい経験です。しかし、単に高校・大学に合格さえすればいいのでしょうか？ 現在の日本に必要なのは、世界中の人々とコミュニケーションを取り、地球規模で活躍できる人材です。総理大臣になってアメリカ大統領と英語で会談したり、ノーベル賞を受賞して英語で受賞スピーチを行ったり、そんなグローバルな「地球人」こそ求められているのです。アルクは、地球規模で活躍できる人材育成のために、受験英語を超えた英語の学習参考書シリーズを刊行しています。

Preface
中学3年間〜高校入試に必要な熟語を
これ1冊で完全マスター！

**高校入試に必要な
英熟語が「ゼッタイ」に
覚えられる！
レベル順に
覚えられるので
ムダなく熟語が身につく！**

高校受験をひかえて、英熟語を覚えようと思うけれど、どこから手をつけていいか分からない―『改訂版 キクジュク【中学英熟語】高校入試レベル』はそんな方のために、高校入試に必要な英熟語を網羅した1冊です。中学英語教科書を参考に、中学1〜2年、2〜3年、高校入試という3つのレベル順に熟語を配列。熟語をムダなく習得することができます。

さらに、この本を作るに当たっては、書き言葉と話し言葉を集めたデータベース「コーパス」を分析。「受験英語」にとどまらず、「日常英会話」でも役立つ熟語が身につくように工夫しました。皆さんが将来、世界で活躍する時に役立つ基礎の英語力を、この本で身につけてください。

**1日たったの16熟語、
2分でできるから、
誰でも続けられる！
音声を聞くだけで、
ラクラク熟語が
覚えられる！**

『改訂版 キクジュク【中学英熟語】』には、中学3年間で学ぶ英熟語と、高校入試に必要なハイレベルな熟語が収録されています。1日に勉強する量はたったの16熟語。4週間、計26日と、あらかじめスケジュールが決まっているので、少しずつ取り組めて、必ずやりとげることができます。

1日の勉強は、約2分音声を聞くだけ。音声には、「チャンツ音楽」に乗せて熟語が収録されているので、楽しく学べます。本と音声を使って、熟語を目と耳からインプットすれば、今まで以上に覚えやすいはずです。時間に余裕のある人は、熟語の入ったフレーズや文までチェックすれば、高校入試に必要な英熟語は完璧（かんぺき）に身につきます。

Contents

**1日16熟語、4週間で
高校入試レベルの416熟語を完全マスター！**

【記号説明】

★☆☆☆：中学1年～2年レベル
★★☆☆：中学2年～3年レベル①
★★★☆：中学2年～3年レベル②
★★★★：高校入試レベル

🎧01：「ダウンロード音声のファイル01を再生してください」という意味です。
熟語中の（ ）：省略可能を表します。
熟語中の［ ］：言い換え可能を表します。
熟語中のA、B：語句（主に名詞・代名詞）が入ることを表します。
熟語中のbe：必ずbe動詞が入ることを表します。be動詞は、主語の人称・時制によって変化します。
熟語中のdo：be動詞も含む動詞が入ることを表します。動詞は、主語の人称・時制によって変化します。
熟語中のdoing：動詞の動名詞形または現在分詞形（-ing形）が入ることを表します。
熟語中のoneself：myself、yourselfなどの再帰代名詞が入ることを表します。
熟語中のA's：Tom'sやmyなどの名詞・代名詞の所有格が入ることを表します。
見出し熟語の定義中の（ ）：補足説明を表します。
見出し熟語の定義中の［ ］：言い換えを表します。
➕：補足説明を表します。

だから「ゼッタイに覚えられる」！
この本の4大特長

1

最新のコーパスデータを
徹底分析！

試験に出る！
日常生活で使える！

高校入試のための熟語集なら、「試験
に出る」のは当然──本書では、そ
こから1歩進み、「日常英会話」で使
える熟語力を身につけることを目標
としています。見出し熟語を選ぶ際
には、中学英語教科書と、最新の言
語を研究したデータ（コーパス*）を
分析。単に入試を突破するだけでな
く、将来英語を使って活躍するのに
役立つ、基礎の英熟語が選ばれてい
ます。

*コーパス：実際の話し言葉と書き言葉を大量
に収集した「言語テキスト・データベース」の
こと。コーパスを分析すると、どんな単語・熟
語がどのくらいの頻度で使われるのかを客観的
に調べることができる。辞書を作る時にも使わ
れる。

2

「耳」と「目」を
フル活用して覚える！

「聞く熟（キクジュク）」！
しっかり身につく！

「読む」だけでは、言葉はなかなか
身につきません。私たちが日本語を
習得できたのは、赤ちゃんのころか
ら日本語をくり返し「聞いてきた」か
ら──本書は、この「当たり前のこ
と」にこだわりました。この本では、
音楽のリズムに乗りながら楽しく熟
語を学べる音声を用意。「耳」と「目」
から同時に熟語に触れるので、「覚え
られない」不安を一発解消。ラクラ
ク暗記ができます！

本書では、中学英語教科書と最新の言語研究データを分析して、高校入試に必要な英熟語を網羅しました。「試験に出る」「日常生活で使える」のはもちろん、この本では「どうしたら熟語が覚えやすくなるか」を重視しています。では、なぜ「出る・使える」のか、そしてなぜ「覚えられる」のかについて、この本の特長を紹介します。

3

1日16熟語、4週間の
スケジュール学習！

**ムリなく
マスターできる！**

「継続は力なり」、とは分かっていても、続けるのは大変なことです。では、なぜ「大変」なのか？　それは、覚えきれないほどの量をムリに詰め込もうとするからです。この本では、「ゼッタイに覚える」ことを前提に、1日に学ぶ量を16熟語におさえています。さらに、4週間、計26日の「スケジュール学習」なので、ペースをつかみながら、効率的・効果的に熟語を身につけることができます。

4

生活スタイルで選べる
3つの「モード学習」を用意！

**1日最短2分、
最長6分でOK!**

今まで熟語集を手にした時に「どこまでやればいいのだろう？」と思ったことはありませんか？　見出し熟語と意味、フレーズ、例文……。忙しいと、一度にすべてに目を通すのは難しいものです。この本では、Check 1（熟語＝見出し熟語＋意味）→Check 2（フレーズ　※文も含む）→Check 3（文）と、3つのチェックポイントごとに学習できる「モード学習」を用意。熟語と意味だけ、熟語と意味とフレーズまでなど、生活スタイルに合わせて、学習量を調整できます。

生活スタイルに合わせて選べる
Check 1▸2▸3の「モード学習」

この本と音声の利用法

Check 1

見出し熟語とその意味をチェック。「英語→日本語→英語」の順にチャンツが収録されているので、聞いて発音してみましょう。余裕があれば、本で赤字以外の意味も押さえましょう。

Check 2

Check 2では、「フレーズ（単語の短いまとまり）※文も含む」の中で見出し熟語をチェック。音声を聞いて熟語が実際にどう使われるかを確認しましょう。熟語が覚えやすくなります。フレーズ中の太い文字の部分が見出し熟語です。

Check 3

Check 3では、「文」の中で見出し熟語をチェック。音声でより実践的な例に触れてください。太い文字の部分が見出し熟語です。ここまで勉強すると、「音」と「文字」でくり返し熟語に触れるので、より覚えやすくなります。

見出し熟語

1日に学ぶのは16熟語です。左ページには、見出し熟語が掲載されています。チャンツでは、ここに掲載された熟語が上から順に4つずつ登場します。

チェックシート

付属のチェックシートを使って、復習してみましょう。本をチェックシートで隠して、消えた部分の意味が分かるかどうか、確認しましょう。

意味

赤字は、最も一般的な意味を表しています。余裕があれば赤字以外の意味も覚えましょう。
➕ 内の 名 は名詞、形 は形容詞を表しています。

Quick Review

前日に学んだ熟語のチェックリストです。左ページに日本語、右ページに英語が掲載されています。

8 ▸ 9

1日で勉強するのは4ページ、16熟語です。この本には、熟語の意味などを学ぶ「Check 1」、フレーズ中で熟語を学ぶ「Check 2」、文中で熟語を学ぶ「Check 3」の3つのCheckがあり、あなたの忙しさに合わせて、学習量を調節できます。Check 1では、該当の音声ファイルを再生して、チャンツのリズムに乗りながら、見出し熟語と意味を押さえましょう。時間に余裕がある人は、Check 2とCheck 3にもトライ!

こんなキミにオススメ!
3つの「学習モード」

＊学習時間はあくまでも目安です。時間に余裕があるときは、チャンツをくり返し聞いたり、フレーズや文を声に出して読んだりして、なるべく多く熟語に触れるようにしましょう。

＊チャンツには見出し熟語と赤字の意味のみが収録されています。

けっこうマメなBさんには!

しっかりモード
Check 1 ▸ Check 2

学習時間の目安:1日4分

周囲からは「マメ」で通っているけれど、忘れっぽいのが玉にキズな人にオススメなのが、Check 1とCheck 2を学ぶ「しっかりモード」。声に出してフレーズを読めば、さらに覚えやすくなるはず。

ダウンロード音声について
本書のすべての音声は無料でダウンロードできます

パソコンでダウンロードする場合
下記の「アルク ダウンロードセンター」にアクセスの上、画面の指示に従って音声ファイルをダウンロードしてください。
https://portal-dlc.alc.co.jp/
※本書の商品コード(7023048)で検索してください。

スマートフォンでダウンロードする場合
下記のURLから学習用アプリ「booco」をインストールの上、ホーム画面下「さがす」の検索窓に本書の商品コード(7023048)を入れて検索し、音声ファイルをダウンロードしてください。
https://booco.page.link/4zHd

部活に恋に忙しいA君には!

聞くだけモード
Check 1

学習時間の目安:1日2分

とにかく忙しくて、できれば熟語学習は短時間で済ませたい人にオススメなのが、Check 1だけの「聞くだけモード」。該当の音声ファイルを再生してチャンツを聞き流すだけでもOK。でも、時間があるときはCheck 2とCheck 3で復習も忘れずに!

自他ともに認める完璧主義のC君には!

かんぺきモード
Check 1 ▸ Check 2 ▸ Check 3

学習時間の目安:1日6分

やるからには完璧にしなければ気が済まない人には、Check 1～3を学習する「かんぺきモード」がオススメ。ここまでやっても学習時間の目安はたったの6分。できればみんな「かんぺきモード」でパーフェクトを目指そう!

1st / 2nd GRADE
(中1〜中2レベル)

WEEK 1

今日からWEEK 1のスタートです。まずは、中学1年〜2年生レベルの熟語を覚えましょう。自分の生活スタイルに合わせて、この1週間で学習ペースをつかみましょう。

1st / 2nd
GRADE

WEEK
1

2nd / 3rd
GRADE
①

WEEK
2

2nd / 3rd
GRADE
②

WEEK
3

4 th
GRADE

WEEK
4

英語でコレ言える?
Can you say this in English?
( )に入る語が分かるかな?
▼

僕は髪型を変える必要があると思う。

I think I ( ) ( ) change my hairstyle.

▼
答えはDay 3でチェック!

Check 1　　Chants 🎧 01

□ 001
in the morning
[afternoon]

午前中［午後］に

➕in the evening は「夜に」

□ 002
at night

夜に、夕方に

□ 003
sit down

座る、腰を下ろす

□ 004
listen to A

A を聴く、A に耳を傾ける

□ 005
stand up

立ち上がる

□ 006
get up

❶起きる
❷立ち上がる

□ 007
go to school

通学する

□ 008
go to bed

寝る

to be continued
▼

12 ▸ 13

いよいよDay 1のスタート！ Check 1の意味を押さえたら、Check 2、3に目を通して熟語をしっかり定着させよう。

☐ 聞くだけモード　Check 1
☐ しっかりモード　Check 1 ▸ 2
☐ かんぺきモード　Check 1 ▸ 2 ▸ 3

1st/2nd
GRADE

WEEK
1

Check 2　Phrases 🎧 02　　## Check 3　Sentences 🎧 03

☐ **early in the morning**（午前中早くに）

☐ I always finish my homework **in the morning**.（私はいつも午前中に宿題を済ませる）

☐ study **at night**（夜に勉強する）

☐ My mother runs **at night**.（私の母は夜に走る）

☐ **sit down** on the chair（いすに座る）

☐ We **sat down** on the sofa.（私たちはソファーに座った）

☐ **listen to** music（音楽を聴く）

☐ Let's **listen to** his song.（彼の歌を聴こう）

☐ **stand up** and wait（立ち上がって待つ）

☐ We saw the teacher and **stood up**.（私たちは先生を見て立ち上がった）

☐ **get up** early（早めに起きる）

☐ I **get up** at 7 o'clock.（私は7時に起きる）

☐ **go to school** from April（4月から学校へ通う）

☐ When we were children, we **went to school** together.（私たちは子どものころ、一緒に通学した）

☐ **go to bed** at 10 o'clock（10時に寝る）

☐ He **went to bed** early last night.（彼は昨晩早く寝た）

to be continued
▼

Check 1   Chants 🎧 01

□ 009
look at A

A を見る

□ 010
a lot of A

たくさんの A

➕ lot は 名 で「たくさんの物・こと」の意味

□ 011
be **from** A

A の出身である

□ 012
every day

毎日

➕ everyday と1語になると「日常の」という形容詞になる

□ 013
at school

学校で

□ 014
after school

放課後

□ 015
speak to A

A に話しかける

□ 016
have [has] **to** do

〜しなければならない

➕ don't [doesn't] have to do で「〜しなくてもよい」という意味

1st/2nd GRADE

WEEK
1

2nd/3rd GRADE ①

WEEK
2

2nd/3rd GRADE ②

WEEK
3

4th GRADE

WEEK
4

Check 2　Phrases 🎧 02

☐ **look at** the watch（時計を見る）

☐ **a lot of** people（たくさんの人々）

☐ be **from** Spain（スペインの出身である）

☐ go for a walk **every day**（毎日散歩に出かける）

☐ study math **at school**（学校で数学を勉強する）

☐ play tennis **after school**（放課後テニスをする）

☐ **speak to** an American（アメリカ人に話しかける）

☐ **have to** finish work（仕事を終えなければならない）

Check 3　Sentences 🎧 03

☐ She **looked at** me and smiled.（彼女は私を見てほほ笑んだ）

☐ Nick ate **a lot of** fried chicken.（ニックはたくさんのフライドチキンを食べた）

☐ He is **from** Canada.（彼はカナダの出身である）

☐ I practice the piano **every day**.（私は毎日ピアノを練習する）

☐ I had a test **at school**.（私は学校で試験を受けた）

☐ Jane practices volleyball **after school**.（ジェーンは放課後バレーボールを練習する）

☐ Mr. Smith **spoke to** the students.（スミス先生は生徒たちに話しかけた）

☐ Mary **has to** get up at 5 o'clock tomorrow.（メアリーは明日5時に起きなければならない）

Check 1　Chants 🎧 04

□ 017
How many ～?
❶ いくつ～ですか。
❷ 何人の～ですか。

□ 018
by bus [car]
バス [車] で

□ 019
on foot
徒歩で

□ 020
come home
❶ 帰宅する
❷ 帰郷する

□ 021
be **late for** A
A に遅れる、A に遅刻する

＋late は 形 で「遅れた」の意味

□ 022
all right
❶ 大丈夫な、満足な
❷ (返事で) 分かりました

□ 023
talk to A
A に話しかける、A と話をする

□ 024
at that time
その時、当時

to be continued
▼

音声には、熟語が「英語」→「日本語」→「英語」の順で入っているよ。2回目の英語の後で熟語を声に出して言ってみよう。

☐ 聞くだけモード　Check 1
☐ しっかりモード　Check 1 ▸ 2
☐ かんべきモード　Check 1 ▸ 2 ▸ 3

1st / 2nd
GRADE

WEEK
1

2nd / 3rd
GRADE
①

WEEK
2

2nd / 3rd
GRADE
②

WEEK
3

4th
GRADE

WEEK
4

Check 2　Phrases 🎧 05

☐ **How many** pens do you have? (あなたはいくつペンを持っていますか)

☐ go to school **by bus** (バスで学校へ通う)

☐ cross a bridge **on foot** (徒歩で橋を渡る)

☐ **come home** after school (学校を終えて帰宅する)

☐ be **late for** the morning meeting (朝礼に遅れる)

☐ Are you **all right**? (あなたは大丈夫ですか)

☐ **talk to** the audience (聴衆に話しかける)

☐ **At that time**, I met ~ (その時、私は~に会った)

Check 3　Sentences 🎧 06

☐ **How many** CDs do you have? (あなたは何枚CDを持っていますか)

☐ Kevin went to the museum **by bus**. (ケビンはバスで美術館へ行った)

☐ George goes to school **on foot**. (ジョージは徒歩で学校へ行く)

☐ My mother said, "**Come home** by 5:00." (私の母は「5時までに帰宅しなさい」と言った)

☐ Don't be **late for** dinner. (夕食に遅れないようにしなさい)

☐ Do you think everything is **all right**? (万事大丈夫だと思いますか)

☐ My teacher **talked to** my parents about me. (私の先生は、私について両親と話をした)

☐ **At that time**, I only had three books. (その時、私はたった3冊の本しか持っていなかった)

to be continued ▼

Check 1　Chants 🎧 04

□ 025
take a picture ▶ | 写真を撮る ▶

□ 026
want to do ▶ | ～したい ▶

□ 027
on A's [the] **way** ▶ | 途中で ▶

□ 028
go for a walk ▶ | 散歩に出かける ▶

□ 029
don't [doesn't] **have to** do ▶ | ～しなくてもよい ▶

□ 030
leave for A ▶ | Aに向かって出発する ▶

□ 031
have a good time ▶ | 楽しく過ごす ▶

□ 032
be **kind to** A ▶ | Aに親切である ▶

18 ▶ 19

□ 午前中に
□ 夜に
□ 座る
□ Aを聴く

□ 立ち上がる
□ 起きる
□ 通学する
□ 寝る

□ Aを見る
□ たくさんのA
□ Aの出身である
□ 毎日

□ 学校で
□ 放課後
□ Aに話しかける
□ ～しなければならない

Check 2　Phrases 🎧 05

☐ **take a picture** of you（あなたの写真を撮る）

☐ **want to** read a book（本を読みたい）

☐ **on your way** to the post office（あなたが郵便局へ行く途中で）

☐ **go for a walk** on Sunday（日曜日に散歩に出かける）

☐ **don't have to** reserve a seat（席を予約しなくてもよい）

☐ **leave for** New York（ニューヨークに向かって出発する）

☐ **have a good time** at his party（彼のパーティーで楽しく過ごす）

☐ **be kind to** a stranger（他人に親切である）

Check 3　Sentences 🎧 06

☐ Tom **took a picture** of his dog.（トムは自分の犬の写真を撮った）

☐ She **wants to** study Spanish.（彼女はスペイン語を勉強したい）

☐ I went to the hospital **on my way** home.（私は家へ帰る途中で病院へ行った）

☐ Let's **go for a walk**. It's sunny.（散歩に行こうよ。天気がいいよ）

☐ She **doesn't have to** buy a new smartphone.（彼女は新しいスマートフォンを買わなくてもよい）

☐ When did he **leave for** London?（彼はいつロンドンに向かって出発したのですか）

☐ I **had a good time** at his house with my friends.（私は友達と一緒に、彼の家で楽しく過ごした）

☐ Cathy is **kind to** everyone.（キャシーは誰にでも親切だ）

2nd / 3rd
GRADE
①

WEEK
2

2nd / 3rd
GRADE
②

WEEK
3

4th
GRADE

WEEK
4

Day 1 🎧 01
Quick Review
答えは左ページ下

☐ in the morning
☐ at night
☐ sit down
☐ listen to A

☐ stand up
☐ get up
☐ go to school
☐ go to bed

☐ look at A
☐ a lot of A
☐ be from A
☐ every day

☐ at school
☐ after school
☐ speak to A
☐ have to do

Check 1　　Chants 🎧 07

□ 033	A を待つ
wait for A	

□ 034	A を切り倒す
cut down A [cut A down]	

□ 035	～する必要がある
need to do	

□ 036	（カップ）1 杯の A
a cup of A	

□ 037	A を笑う
laugh at A	

□ 038	正午に
at noon	

□ 039	A に手紙を書く
write to A	

□ 040	A（人）を訪ねる
call on A	

20 ▸ 21

to be continued
▼

忙しいときは、Check 1の見出し熟語と意味を押さえた後、該当の音声を聞き流すだけでもOKだよ。

☐ 聞くだけモード　Check 1
☐ しっかりモード　Check 1 ▶ 2
☐ かんぺきモード　Check 1 ▶ 2 ▶ 3

1st / 2nd
GRADE

WEEK
1

2nd / 3rd
GRADE
①

WEEK
2

2nd / 3rd
GRADE
②

WEEK
3

4th
GRADE

WEEK
4

Check 2　Phrases 🎧 08

☐ **wait for** her letter（彼女の手紙を待つ）

☐ **cut down** the tree（その木を切り倒す）

☐ **need to** be there by 3 o'clock（3時までにそこにいる必要がある）

☐ **a cup of** tea（1杯のお茶）

☐ **laugh at** his joke（彼のジョークを笑う）

☐ lunchtime starts **at noon**（昼休みは正午に始まる）

☐ **write to** a friend of mine（友人に手紙を書く）

☐ **call on** my uncle（おじを訪ねる）

Check 3　Sentences 🎧 09

☐ I **waited for** her in the rain.（私は雨の中で彼女を待った）

☐ When did you **cut down** the oak tree?（あなたはいつあのオークの木を切り倒したのですか）

☐ I think I **need to** change my hairstyle.（私は髪型を変える必要があると思う）

☐ I have **a cup of** coffee every morning.（私は毎朝、1杯のコーヒーを飲む）

☐ Everyone **laughed at** my funny story.（みんなが私のおかしい話を笑った）

☐ I visited the teachers' office **at noon**.（私は正午に職員室を訪れた）

☐ I **write to** my grandmother every month.（私は毎月祖母に手紙を書く）

☐ I **called on** my friend and returned a book to him.（私は友達を訪ねて、本を返した）

to be continued
▼

Check 1　Chants 🎧 07

☐ 041
take a bath
入浴する

☐ 042
come up
近づく、やってくる

☐ 043
the other day
先日、この間

☐ 044
out of A
❶Aの中から外へ
❷Aを離れて

22 ▸ 23

☐ 045
take care of A
Aの世話をする

☐ 046
be full of A
Aでいっぱいである、Aに満ちている

☐ 047
in those days
当時は、あのころ

☐ 048
write down A
[write A down]
Aを書き留める、Aを記録する

Day 2 🎧 04
Quick Review
答えは右ページ下

☐ いくつ〜ですか。　☐ Aに遅れる　☐ 写真を撮る　☐ 〜しなくてもよい
☐ バスで　☐ 大丈夫な　☐ 〜したい　☐ Aに向かって出発する
☐ 徒歩で　☐ Aに話しかける　☐ 途中で　☐ 楽しく過ごす
☐ 帰宅する　☐ その時　☐ 散歩に出かける　☐ Aに親切である

| Check 2 | Phrases 🎧 08 |
| Check 3 | Sentences 🎧 09 |

1st / 2nd GRADE

WEEK 1

2nd / 3rd GRADE ①

WEEK 2

2nd / 3rd GRADE ②

WEEK 3

4th GRADE

WEEK 4

Check 2　Phrases 🎧 08

☐ **take a bath** every day（毎日入浴する）

☐ The sports festival is **coming up**.（運動会が近づいている）

☐ Mary baked cookies **the other day**.（先日メアリーはクッキーを焼いた）

☐ run **out of** the classroom（教室から外へ走り出る）

☐ **take care of** the children（子どもたちの世話をする）

☐ be **full of** water（水でいっぱいである）

☐ **In those days**, I didn't know ～（当時は、私は～を知らなかった）

☐ **write down** his phone number（彼の電話番号を書き留める）

Check 3　Sentences 🎧 09

☐ Tatsuo **takes a bath** in the morning.（タツオは朝に入浴する）

☐ The parent-teacher meeting is **coming up**.（親と先生との面談が近づいている）

☐ **The other day**, I found 1,000 yen in my pocket.（先日、私はポケットの中に千円を見つけた）

☐ We walked **out of** the movie theater.（私たちは映画館から外へ出た）

☐ My older brother **took care of** me when I was little.（私が幼かったころ、兄が私の世話をしてくれた）

☐ The bowl is **full of** eggs.（ボウルは卵でいっぱいである）

☐ **In those days**, I didn't have enough money.（当時は、私は十分なお金がなかった）

☐ I **wrote down** his message.（私は彼の伝言を書き留めた）

Day 2 🎧 04
Quick Review
答えは左ページ下

☐ How many ～?
☐ by bus
☐ on foot
☐ come home

☐ be late for A
☐ all right
☐ talk to A
☐ at that time

☐ take a picture
☐ want to do
☐ on A's way
☐ go for a walk

☐ don't have to do
☐ leave for A
☐ have a good time
☐ be kind to A

Check 1   Chants 🎧 10

☐ 049
talk about A
▶

A について話す
▶

☐ 050
arrive at A
▶

A に到着する
▶

➕ 比較的狭い場所（駅やホテル）に使う。arrive in A は、都市などの広い場所に使う

☐ 051
come in
▶

入る
▶

➕（come into A で）A（部屋など）に入る

☐ 052
a few A
▶

いくらかの A、少数の A
▶

☐ 053
get angry (with A)
▶

（A に）腹を立てる、怒る
▶

☐ 054
by oneself
▶

自分だけで、1 人ぼっちで
▶

☐ 055
have a party
▶

パーティーを開く
▶

☐ 056
a pair of A
▶

一組の A、一対の A
▶

to be continued
▼

各Dayの最後にはQuick Reviewがあるよ。前の日の熟語の意味が左ページに、熟語が右ページにあるので、復習してみよう。

☐ 聞くだけモード　Check 1
☐ しっかりモード　Check 1 ▶ 2
☐ かんぺきモード　Check 1 ▶ 2 ▶ 3

1st / 2nd
GRADE

WEEK
1

2nd / 3rd
GRADE
①

WEEK
2

2nd / 3rd
GRADE
②

WEEK
3

4th
GRADE

WEEK
4

Check 2　Phrases 🎧 11

☐ **talk about** a new bicycle
（新しい自転車について話す）

☐ **arrive at** Kanda Station
（神田駅に到着する）

☐ Please **come in**. （どうぞお入りください）

☐ **a few** days later （数日後）

☐ **get angry** with my parents （私の両親に腹を立てる）

☐ make a bookshelf **by** myself （自分だけで本棚を作る）

☐ **have a party** over the weekend （週末にパーティーを開く）

☐ **a pair of** socks （一組の靴下）

Check 3　Sentences 🎧 12

☐ My grandfather **talked about** World War II. （私の祖父は第2次世界大戦について話した）

☐ Kenji **arrived at** school later than usual. （ケンジは普段より遅く学校に到着した）

☐ "Can I **come in**?" she said. （「入ってもいいですか」と彼女は言った）

☐ I have **a few** books about flowers. （私は花についての本を数冊持っている）

☐ I **got angry** with my mother for reading my diary. （私は母が私の日記を読んだことで腹を立てた）

☐ I cooked dinner **by** myself. （私は夕食を自分だけで作った）

☐ Let's **have a party** after the exams. （試験の後パーティーを開こう）

☐ He bought **a pair of** shoes yesterday. （彼は昨日、一組の靴を買った）

to be continued
▼

Check 1　　Chants 🎧 10

□ 057 **turn on** A [turn A on]	A（明かり・テレビなど）**をつける、A を作 動させる**
□ 058 **stay with** A	**A の家に泊まる**
□ 059 **get well**	（体調が）**よくなる**
□ 060 **come back**	**戻る、帰る**
□ 061 **at once**	❶**すぐに** ❷**同時に**
□ 062 **look for** A	❶**A を探す** ❷**A を期待する**
□ 063 **wake up**	**目を覚ます**
□ 064 **fall down**	❶**落ちる** ❷**転ぶ**

□ A を待つ	□ A を笑う	□ 入浴する	□ A の世話をする
□ A を切り倒す	□ 正午に	□ 近づく	□ A でいっぱいである
□ ～する必要がある	□ A に手紙を書く	□ 先日	□ 当時は
□ 1杯の A	□ A を訪ねる	□ A の中から外へ	□ A を書き留める

Check 2 Phrases 🎧 11

Check 3 Sentences 🎧 12

1st / 2nd
GRADE

**WEEK
1**

2nd / 3rd
GRADE
①

**WEEK
2**

2nd / 3rd
GRADE
②

**WEEK
3**

4th
GRADE

**WEEK
4**

☐ **turn on** the radio (ラジオを
つける)

☐ I **turned on** the TV and
watched the news. (私はテレビをつ
けてニュースを見た)

☐ **stay with** my uncle (おじの
家に泊まる)

☐ How about **staying with** us
today? (今日は私たちの家に泊まってはど
うですか)

☐ **get well** slowly (少しずつ体
調がよくなる)

☐ Susie got a card saying "**Get
well** soon!" (スージーは「早くよくなり
ますように!」と書かれたカードをもらった)

☐ **come back** soon (すぐに戻
る)

☐ I **came back** home late last
night. (私は昨夜遅くに家へ帰った)

☐ finish my homework **at
once** (私の宿題をすぐに済ませる)

☐ He wanted to get out of the
classroom **at once**. (彼はすぐに教
室から出ていきたかった)

☐ **look for** the glasses (めが
ねを探す)

☐ What are you **looking for**? (あ
なたは何を探しているのですか)

☐ **wake up** at 7 (7時に目を覚ま
す)

☐ Betty **woke up** early this
morning. (ベティは今朝は早く目を覚ま
した)

☐ **fall down** from the shelf
(棚から落ちる)

☐ A picture **fell down** from the
wall. (壁から絵が落ちた)

Day 3 🎧 07
Quick Review
答えは左ページ下

☐ wait for A
☐ cut down A
☐ need to do
☐ a cup of A

☐ laugh at A
☐ at noon
☐ write to A
☐ call on A

☐ take a bath
☐ come up
☐ the other day
☐ out of A

☐ take care of A
☐ be full of A
☐ in those days
☐ write down A

★ ★ ★ ★

1st/2nd GRADE

□ 065
get together

❶集まる
❷団結する

□ 066
according to A

Aによれば

□ 067
be **different from** A

Aと異なる

□ 068
finish doing

~し終える、~を完了する

□ 069
not ~ at all

少しも~ない

□ 070
give up doing

~するのをあきらめる、~するのをやめる

□ 071
each other

お互い

□ 072
get to A

Aに到着 [到達] する

to be continued
▼

学習には慣れてきたかな？ WEEK 1もあと少し。少しずつでも毎日続けられるペースでがんばろう。

□ 聞くだけモード　Check 1
□ しっかりモード　Check 1 ▶ 2
□ かんぺきモード　Check 1 ▶ 2 ▶ 3

1st / 2nd
GRADE

WEEK
1

2nd / 3rd
GRADE
①

WEEK
2

2nd / 3rd
GRADE
②

WEEK
3

4th
GRADE

WEEK
4

Check 2　Phrases 🎧 14

□ **get together** at his house（彼の家に集まる）

□ **according to** this article（この記事によれば）

□ be **different from** the others（ほかの人たち［物］と異なる）

□ **finish** writing an essay（作文を書き終える）

□ did **not** eat **at all**（少しも食べなかった）

□ **give up** eating so many snacks（たくさんのおやつを食べるのをやめる）

□ talk to **each other**（お互いに話をする）

□ **get to** the top of the mountain（山頂に到達する）

Check 3　Sentences 🎧 15

□ Let's **get together** in the park after school.（放課後、公園に集まろう）

□ **According to** the weather report, it's going to snow tomorrow.（天気予報によると、明日は雪が降りそうだ）

□ The Japanese maple is **different from** the Canadian maple.（日本のカエデはカナダのカエデと異なる）

□ Did you **finish** cleaning your room?（あなたは部屋をそうじし終えましたか）

□ I do **not** remember my college days **at all**.（私は大学時代を少しも覚えていない）

□ My father **gave up** drinking after it made him sick.（私の父はお酒で具合が悪くなってから、飲酒をあきらめた）

□ John and I know **each other**.（ジョンと私はお互いを知っている）

□ We **got to** the station on time.（私たちは時間どおりに駅に到着した）

to be continued ▼

Check 1　　Chants 🎧 13

□ 073
come from A
❶ Aに由来する
❷ Aの出身である

□ 074
go into A
❶ Aに入る
❷ Aを詳しく調べる

□ 075
over there
向こうに、あそこに

□ 076
a little A
ほんのわずかなA、少しのA

□ 077
Here you are.
(人に物を差し出して) **さあどうぞ。はい、こ れです。**

□ 078
be **fond of** A
Aが好きだ

➕fondは 形 で「とても好んで」という意味

□ 079
begin doing
〜し始める

□ 080
of course
もちろん、**当然**

| Day 4 🎧 10 Quick Review 答えは右ページ下 | □ Aについて話す □ Aに到着する □ 入る □ いくらかのA | □ 腹を立てる □ 自分だけで □ パーティーを開く □ 一組のA | □ Aをつける □ Aの家に泊まる □ よくなる □ 戻る | □ すぐに □ Aを探す □ 目を覚ます □ 落ちる |

1st / 2nd
GRADE

WEEK
1

2nd / 3rd
GRADE
①

WEEK
2

2nd / 3rd
GRADE
②

WEEK
3

4th
GRADE

WEEK
4

Check 2　Phrases 🎧 14

☐ **come from** a famous play （有名な劇に由来する）

☐ **go into** the teachers' office （職員室に入る）

☐ It's **over there**. （それは向こうにあります）

☐ **a little** money （ほんのわずかなお金）

☐ "**Here you are,**" she said. （「さあどうぞ」と彼女は言った）

☐ be **fond of** cheese （チーズが好きだ）

☐ She **began** singing. （彼女は歌い始めた）

☐ **Of course** I will ～ （もちろん私は～するつもりだ）

Check 3　Sentences 🎧 15

☐ The name of the cafe **comes from** a famous painter. （その喫茶店の店名は有名な画家に由来する）

☐ Don't **go into** the garden. （庭に入ってはいけない）

☐ Do you like the flower bed **over there**? （向こうにある花壇は好きですか）

☐ His mother took **a little** rice out of the bowl. （彼のお母さんは、ボウルから少しのお米を取り出した）

☐ I showed my passport and said, "**Here you are.**" （私はパスポートを見せて「さあどうぞ」と言った）

☐ I am **fond of** playing the violin. （私はバイオリンを弾くのが好きだ）

☐ He **began** reading a book an hour ago. （彼は1時間前に本を読み始めた）

☐ **Of course** I'll come to your party. （もちろん私はあなたのパーティーに行くつもりです）

Day 4 🎧 10
Quick Review
答えは左ページ下

☐ talk about A
☐ arrive at A
☐ come in
☐ a few A

☐ get angry
☐ by oneself
☐ have a party
☐ a pair of A

☐ turn on A
☐ stay with A
☐ get well
☐ come back

☐ at once
☐ look for A
☐ wake up
☐ fall down

Check 1　Chants 🎧 16

□ 081
between A **and** B ▸

AとBの間に

▸

□ 082
in the world ▸

世界中で

▸

□ 083
enjoy doing ▸

〜するのを楽しむ

▸

32 ▸ 33

□ 084
try to do ▸

〜しようと試みる

▸

□ 085
from A **to** B ▸

AからBまで

▸

□ 086
stop doing ▸

〜するのをやめる、〜しなくなる

▸

□ 087
be **good at** A ▸

Aが得意だ

▸

□ 088
be **sorry for** A ▸

❶Aをすまないと思う
❷Aを気の毒に思う

▸

to be continued
▼

あと1日でWEEK1はおしまい。熟語は順調に覚えてるかな? 見出し熟語のチェックボックスや付属の赤シートも活用しよう。

☐ 聞くだけモード　Check 1
☐ しっかりモード　Check 1 ▸ 2
☐ かんぺきモード　Check 1 ▸ 2 ▸ 3

1st/2nd
GRADE

WEEK 1

2nd/3rd
GRADE ①

WEEK 2

2nd/3rd
GRADE ②

WEEK 3

4th
GRADE

WEEK 4

Check 2　Phrases 🎧 17

☐ **between** 6 **and** 7 o'clock
(6時と7時の間に)

☐ the highest mountain **in the world** (世界中で一番高い山)

☐ **enjoy** singing (歌うのを楽しむ)

☐ **try to** get a perfect score
(満点を取ろうと試みる)

☐ **from** the East Coast **to** the West Coast (東海岸から西海岸まで)

☐ **stop** studying English (英語の勉強をやめる)

☐ be **good at** swimming (水泳が得意だ)

☐ be **sorry for** breaking the cup (コップを割ったことをすまないと思う)

Check 3　Sentences 🎧 18

☐ How many train stations are there **between** Tokyo **and** Osaka? (東京と大阪の間にいくつの駅がありますか)

☐ It is the tallest building **in the world**. (それは世界中で一番高いビルだ)

☐ We all **enjoyed** playing soccer. (私たちは皆、サッカーをするのを楽しんだ)

☐ We **tried to** win the next game. (私たちは次の試合で勝とうと試みた)

☐ Makoto took a trip **from** Tokyo **to** Kyoto. (マコトは東京から京都まで旅した)

☐ Why did you **stop** practicing the piano? (あなたはどうしてピアノの練習をやめたのですか)

☐ Craig is **good at** speaking French. (クレイグはフランス語を話すのが得意だ)

☐ I'm **sorry for** being late. (遅れたことをすまないと思っています)

to be continued ▼

Check 1　Chants 🎧 16

□ 089
make a mistake ▸
誤りをする

▸

□ 090
be **over** ▸
終わる

▸

□ 091
for oneself ▸
自分のために

▸

□ 092
go home
❶帰宅する
❷帰郷する

▸

34 ▸ 35

□ 093
in front of A ▸
Aの前に

＋frontは❷で「正面、前面」の意味

▸

□ 094
one day ▸
ある日、いつか

▸

□ 095
for example ▸
例えば

▸

□ 096
Will you 〜? ▸
〜してくださいませんか。

▸

Day 5 🎧 13
Quick Review
答えは右ページ下

□ 集まる　　　　　□ 少しも〜ない　　　　□ Aに由来する　　　□ さあどうぞ。
□ Aによれば　　　□ 〜するのをあきらめる　□ Aに入る　　　　　□ Aが好きだ
□ Aと異なる　　　□ お互い　　　　　　　□ 向こうに　　　　　□ 〜し始める
□ 〜し終える　　　□ Aに到着する　　　　□ ほんのわずかなA　□ もちろん

Check 2　Phrases 🎧 17

☐ often **make a mistake** (し
ばしば誤りをする)

☐ ~ will be **over** soon (~はも
うすぐ終わる)

☐ ask **for** myself (自分のために
たずねる)

☐ **go home** now (今帰宅する)

☐ **in front of** the station (駅
の前に)

☐ **One day**, my cousin
came to see me. (ある日、私の
いとこが私に会いに来た)

☐ **For example**, I can show
you ~. (例えば、私はあなたに~を
示すことができる)

☐ **Will you** call me? (私に電話
してくださいませんか)

Check 3　Sentences 🎧 18

☐ Cathy **made a mistake** on the
science test. (キャシーは理科のテスト
で誤りをした)

☐ The exams will be **over** soon.
(試験はもうすぐ終わる)

☐ He found a part-time job **for**
himself. (彼は自分のためにアルバイトを
見つけた)

☐ John bought a book and
went home. (ジョンは本を買ってから
帰宅した)

☐ There is a cherry blossom
tree **in front of** the school. (学校
の前に桜の木がある)

☐ **One day**, my friend showed
me her pictures. (ある日、友達が私
に自分の写真を見せてくれた)

☐ **For example**, I don't eat
meat or fish. (例えば、私は肉も魚も食
べない)

☐ **Will you** let me read your
notebook? (私にあなたのノートを読ま
せてくださいませんか)

2nd / 3rd GRADE ①

WEEK 2

2nd / 3rd GRADE ②

WEEK 3

4th GRADE

WEEK 4

Day 5 🎧 13
Quick Review
答えは左ページ下

☐ get together
☐ according to A
☐ be different from A
☐ finish doing

☐ not ~ at all
☐ give up doing
☐ each other
☐ get to A

☐ come from A
☐ go into A
☐ over there
☐ a little A

☐ Here you are.
☐ be fond of A
☐ begin doing
☐ of course

Check 1　Chants 🎧 19

□ 097
as ~ as A
▶

Aと同じくらい~
▶

□ 098
How about ~?
▶

~はどうですか。~はいかがですか。
▶

□ 099
be **going to** do
▶

~**するつもりだ、~するだろう**
▶

□ 100
How much ~?
▶

~はいくらですか。
▶

□ 101
come out
▶

❶**出てくる**
❷**出版される**
❸**世に出る**
▶

□ 102
on TV
▶

テレビで
▶

□ 103
run after A
▶

❶**Aを追いかける**
❷**Aに言い寄る**
▶

□ 104
go back (to A)
▶

(Aに) **戻る、帰る**
▶

to be continued
▼

今日でWEEK 1もおしまい。毎回、WEEKの最後にWEEK REVIEWがあるよ。どれくらい覚えているか力試しをしよう。

☐ 聞くだけモード　Check 1
☐ しっかりモード　Check 1 ▶ 2
☐ かんぺきモード　Check 1 ▶ 2 ▶ 3

1st / 2nd
GRADE

WEEK
1

2nd / 3rd
GRADE
①

WEEK
2

2nd / 3rd
GRADE
②

WEEK
3

4th
GRADE

WEEK
4

Check 2　Phrases 🎧 20

☐ **as** tall **as** my brother（私の兄と同じくらい背が高い）

☐ **How about** seeing a movie?（映画を見るのはどうですか）

☐ be **going to** take a trip（旅に出るつもりだ）

☐ **How much** is this bag?（このかばんはいくらですか）

☐ His book **came out** yesterday.（彼の本が昨日出版された）

☐ see a drama **on TV**（テレビでドラマを見る）

☐ **run after** the rock band（そのロックバンドを追いかける）

☐ **go back** home（家に帰る）

Check 3　Sentences 🎧 21

☐ Chris speaks Japanese **as well as** English.（クリスは日本語を英語と同じくらい上手にしゃべる）

☐ **How about** having his birthday party after school?（放課後に彼の誕生会を開くのはどうですか）

☐ I am **going to** travel to Hokkaido during my summer vacation.（私は夏休みの間、北海道へ旅に出るつもりだ）

☐ I asked the salesclerk, "**How much** is this hat?"（私は店員に「この帽子はいくらですか」とたずねた）

☐ The moon will **come out** soon.（月はすぐ出てくるだろう）

☐ I saw this movie **on TV** three days ago.（私はこの映画を3日前テレビで見た）

☐ He **ran after** the man, shouting, "Stop!"（彼は「止まれ!」と叫びながら、その男を追いかけた）

☐ After lunch, we **went back** to work.（昼食後、私たちは仕事に戻った）

to be continued ▼

Check 1　Chants 🎧 19

□ 105
look forward to doing
► ～するのを楽しみに待つ
►

□ 106
look around A
► **A を見回す、**（look around で）**見回す**
►

□ 107
How old ～?
► ❶ **～は何歳ですか。**
❷ **～はどれだけ古いですか。**
►

□ 108
look into A
► **A を調査する**
►

□ 109
Here we are.
► **さあ着いた。**
►

□ 110
run away
► **逃げる、脱走する**
►

□ 111
go doing
► **～しに行く**
►

□ 112
in the future
► **将来**
►

□ AとBの間に　□ AからBまで　□ 誤りをする　□ Aの前に
□ 世界中で　　□ ～するのをやめる　□ 終わる　　□ ある日
□ ～するのを楽しむ　□ Aが得意だ　□ 自分のために　□ 例えば
□ ～しようと試みる　□ Aをすまないと思う　□ 帰宅する　□ ～してくださいませんか。

1st / 2nd
GRADE

WEEK
1

2nd / 3rd
GRADE
①

WEEK
2

2nd / 3rd
GRADE
②

WEEK
3

4th
GRADE

WEEK
4

Check 2　Phrases 🎧 20

□ **look forward to** seeing you（あなたに会うのを楽しみに待つ）

□ **look around** the shop（店を見回す）

□ **How old** are you?（あなたは何歳ですか）

□ **look into** the traffic accident（交通事故を調査する）

□ "**Here we are,**" my father said.（「さあ着いた」と父が言った）

□ **run away** from the police（警察から逃げる）

□ **go** fishing（釣りに行く）

□ become a scientist **in the future**（将来、科学者になる）

Check 3　Sentences 🎧 21

□ I am **looking forward to** receiving your letter.（私はあなたの手紙を受け取るのを楽しみに待っている）

□ Mary **looked around** her friend's room.（メアリーは友達の部屋を見回した）

□ **How old** is your grandmother?（あなたのおばあさんはおいくつですか）

□ The police are **looking into** this accident.（警察がこの事件を調査している）

□ We arrived at a large house and John said, "**Here we are.**"（私たちは大きな家に到着し、ジョンが「さあ着いた」と言った）

□ He **ran away** from the shop.（彼はお店から逃げた）

□ My family and I usually **go** skiing on weekends.（普段、週末に家族と私はスキーに行く）

□ John wants to become a lawyer **in the future**.（ジョンは将来、弁護士になりたいと思っている）

Day 6 🎧 16
Quick Review
答えは左ページ下

□ between A and B
□ in the world
□ enjoy doing
□ try to do

□ from A to B
□ stop doing
□ be good at A
□ be sorry for A

□ make a mistake
□ be over
□ for oneself
□ go home

□ in front of A
□ one day
□ for example
□ Will you 〜?

WEEK 1 REVIEW

この週のまとめとして、練習問題にチャレンジ。チェックシートで答えを隠して、問題にどんどん答えていこう。間違えた問題はボックスをチェックし、ボックス下の見出し番号に戻ってもう一度復習しよう。

□ He <u>ran</u> <u>after</u> the man, shouting, "Stop!"
103 （彼は「止まれ！」と叫びながら、その男を追いかけた）

□ She <u>doesn't</u> <u>have</u> <u>to</u> buy a new smartphone.
029 （彼女は新しいスマートフォンを買わなくてもよい）

□ She <u>wants</u> <u>to</u> study Spanish.
026 （彼女はスペイン語を勉強したい）

□ I <u>turned</u> <u>on</u> the TV and watched the news.
057 （私はテレビをつけてニュースを見た）

□ Don't be <u>late</u> <u>for</u> dinner.
021 （夕食に遅れないようにしなさい）

□ Makoto took a trip <u>from</u> Tokyo <u>to</u> Kyoto.
085 （マコトは東京から京都まで旅した）

□ Do you think everything is <u>all</u> <u>right</u>?
022 （万事大丈夫だと思いますか）

□ Betty <u>woke</u> <u>up</u> early this morning.
063 （ベティは今朝は早く目を覚ました）

□ John wants to become a lawyer <u>in</u> <u>the</u> <u>future</u>.
112 （ジョンは将来、弁護士になりたいと思っている）

□ <u>In</u> <u>those</u> <u>days</u>, I didn't have enough money.
047 （当時は、私は十分なお金がなかった）

1st/2nd
GRADE

WEEK
1

2nd/3rd
GRADE
①

WEEK
2

2nd/3rd
GRADE
②

WEEK
3

4th
GRADE

WEEK
4

□ I am <u>going</u> <u>to</u> travel to Hokkaido during my
099 summer vacation.
（私は夏休みの間、北海道へ旅に出るつもりだ）

□ I am <u>looking</u> <u>forward</u> <u>to</u> receiving your letter.
105 （私はあなたの手紙を受け取るのを楽しみに待っている）

□ <u>At</u> <u>that</u> <u>time</u>, I only had three books.
024 （その時、私はたった3冊の本しか持っていなかった）

□ Mary <u>has</u> <u>to</u> get up at 5 o'clock tomorrow.
016 （メアリーは明日5時に起きなければならない）

□ Susie got a card saying " <u>Get</u> <u>well</u> soon!"
059 （スージーは「早くよくなりますように！」と書かれたカードをもらった）

□ I do <u>not</u> remember my college days <u>at</u> <u>all</u>.
069 （私は大学時代を少しも覚えていない）

□ Chris speaks Japanese <u>as</u> well <u>as</u> English.
097 （クリスは日本語を英語と同じくらい上手にしゃべる）

□ She <u>looked</u> <u>at</u> me and smiled.
009 （彼女は私を見てほほ笑んだ）

□ I cooked dinner <u>by</u> myself.
054 （私は夕食を自分だけで作った）

□ We <u>tried</u> <u>to</u> win the next game.
084 （私たちは次の試合で勝とうと試みた）

□ There is a cherry blossom tree <u>in</u> <u>front</u> <u>of</u> the
093 school.
（学校の前に桜の木がある）

□ **Everyone** laughed at **my funny story.**
037 （みんなが私のおかしい話を笑った）

□ **What are you** looking for **?**
062 （あなたは何を探しているのですか）

□ One day **, my friend showed me her pictures.**
094 （ある日、友達が私に自分の写真を見せてくれた）

□ **Do you like the flower bed** over there **?**
075 （向こうにある花壇は好きですか）

□ **Let's** listen to **his song.**
004 （彼の歌を聴こう）

□ **The Japanese maple is** different from **the**
067 **Canadian maple.**
（日本のカエデはカナダのカエデと異なる）

□ **Kenji** arrived at **school later than usual.**
050 （ケンジは普段より遅く学校に到着した）

□ **My older brother** took care of **me when I was**
045 **little.**
（私が幼かったころ、兄が私の世話をしてくれた）

□ **Craig is** good at **speaking French.**
087 （クレイグはフランス語を話すのが得意だ）

完璧にできた？
間違えた問題を見直
したら次へ GO!

1st / 2nd GRADE

WEEK
1

2nd / 3rd GRADE
①

WEEK
2

2nd / 3rd GRADE
②

WEEK
3

4th GRADE

WEEK
4

2nd / 3rd GRADE ①
(中2～中3レベル)

WEEK 2

今日からWEEK 2の始まりです。学習のペースはつかめてきましたか。今週から中学2年～3年生レベルの熟語を覚えていきましょう。どれも必須レベルなのでがんばりましょう。

英語でコレ言える?
Can you say this in English?
( ) に入る語が分かるかな?
▼

> ビートルズはあらゆる世代に人気があるんだぜ。
>
> **The Beatles are (　　　　)
> (　　　　) every generation.**

▼
答えは Day 10 でチェック!

Check 1　Chants  22

□ 113
as soon as ～　▶

～するとすぐに

▶

□ 114
How often ～?　▶

何回～ですか。

▶

□ 115
look like A　▶

❶Aのように見える
❷Aに（外見が）**似ている**

▶

44 ▸ 45

□ 116
be **interested in** A　▶

Aに興味がある

▶

□ 117
be **able to** do　▶

～することができる

❸ableは形で「できる」という意味

□ 118
on time　▶

時間どおりに

▶

□ 119
plenty of A　▶

たくさんのA

▶

□ 120
Welcome to A.　▶

Aへようこそ。

▶

to be continued
▼

今日からWEEK 2のスタート。中学2年〜3年レベルの熟語を覚えていこう。大切な熟語ばかりだからぜひ覚えてね。

☐ 聞くだけモード　Check 1
☐ しっかりモード　Check 1 ▶ 2
☐ かんぺきモード　Check 1 ▶ 2 ▶ 3

1st / 2nd GRADE

WEEK 1

2nd / 3rd GRADE ①

WEEK 2

2nd / 3rd GRADE ②

WEEK 3

4th GRADE

WEEK 4

Check 2　Phrases 🎧 23

☐ **as soon as** you finish lunch （昼食を終えるとすぐに）

☐ **How often** do you ~? （あなたは何回~ですか）

☐ **looks like** a kind person （親切な人のように見える）

☐ be **interested in** literature （文学に興味がある）

☐ be **able to** get a license （免許を取ることができる）

☐ arrive **on time** （時間どおりに到着する）

☐ **plenty of** homework （たくさんの宿題）

☐ **welcome to** my house （私の家へようこそ）

Check 3　Sentences 🎧 24

☐ I will come **as soon as** you need help. （あなたが助けを必要とすればすぐに私は行く）

☐ **How often** do you brush your teeth? （あなたは何回歯を磨きますか）

☐ It **looks like** rain this evening. （今夜は雨になりそうに見える）

☐ Mike is **interested in** learning Japanese. （マイクは日本語を勉強することに興味がある）

☐ My brother was **able to** renew his driver's license. （私の兄は運転免許を更新することができた）

☐ We gathered at the playground **on time**. （私たちは時間どおりにグラウンドに集合した）

☐ There were **plenty of** flowers in the garden. （その庭にはたくさんの花があった）

☐ **Welcome to** our company. （私たちの会社へようこそ）

to be continued ▼

Check 1　　Chants 🎧 22

□ 121
get off A
▸

A（乗り物）**から降りる**、（get off で）**降りる**
▸

□ 122
ask A **to** do
▸

A（人）**に～するように頼む**
▸

□ 123
far away
▸

遠く離れて、遠くに
▸

□ 124
May I help you?
▸

❶**いらっしゃいませ。**
❷**何かご用ですか。**

➕店でよく使われる
▸

□ 125
right now
▸

すぐに
▸

□ 126
either A **or** B
▸

A か B のどちらか
▸

□ 127
on the phone
▸

電話中で
▸

□ 128
be afraid of A
▸

A を恐れて

➕afraid は 形 で「怖がって」の意味
▸

1st / 2nd
GRADE

WEEK
1

2nd / 3rd
GRADE
①

WEEK
2

2nd / 3rd
GRADE
②

WEEK
3

4th
GRADE

WEEK
4

Check 2　Phrases 🎧 23

☐ **get off** the bus （バスから降りる）

☐ **ask** him **to** clean the room （彼にその部屋をそうじするように頼む）

☐ live **far away** from my family （家族から遠く離れて住む）

☐ **"May I help you?"** the salesclerk said. （「いらっしゃいませ」と店員が言った）

☐ Do it **right now**. （すぐにそれをしなさい）

☐ choose **either** ice cream **or** cake （アイスクリームかケーキのどちらかを選ぶ）

☐ be **on the phone** to Ms. Jones （ジョーンズさんに電話中で）

☐ be **afraid of** earthquakes （地震を恐れている）

Check 3　Sentences 🎧 24

☐ We **got off** the train at Ueno. （私たちは上野で電車から降りた）

☐ He **asked** me **to** cook lunch for him. （彼は私に昼食を作るように頼んだ）

☐ We wanted to travel **far away**. （私たちは遠くに旅したかった）

☐ I was asked, **"May I help you?"** when I was choosing clothes. （私が服を選んでいるとき、「いらっしゃいませ」と声をかけられた）

☐ I must finish this essay **right now**. （私はすぐにこの作文を終えなければならない）

☐ I will go to **either** the U.K. **or** the U.S. （私はイギリスかアメリカのどちらかに行くつもりだ）

☐ He was **on the phone** when I arrived. （私が到着したとき、彼は電話中だった）

☐ My little sister is **afraid of** dogs. （私の妹は犬を恐れている）

Day 7 🎧 19
Quick Review
答えは左ページ下

☐ as ～ as A
☐ How about ～?
☐ be going to do
☐ How much ～?

☐ come out
☐ on TV
☐ run after A
☐ go back

☐ look forward to doing
☐ look around A
☐ How old ～?
☐ look into A

☐ Here we are.
☐ run away
☐ go doing
☐ in the future

Check 1　　Chants 🎧 25

□ 129
be **made of** A

A（素材）でできている

□ 130
take a walk

散歩に行く

□ 131
pass by A

Aを通り過ぎる、（pass by で）通り過ぎる

□ 132
think of A

❶Aを思いつく
❷Aのことを思い出す

□ 133
at home

家に、在宅して

□ 134
at last

ついに

□ 135
It is ～ to do.

…するのは～だ。、（It is ～ for A to do. で）A にとって…するのは～だ。

□ 136
most of A

Aの大部分、Aのほとんど

to be continued
▼

発音が難しい熟語は、音声を注意深く聞いて、そのとおりに発音してみよう。発音できると頭に残りやすくなるよ。

☐ 聞くだけモード　Check 1
☐ しっかりモード　Check 1 ▶ 2
☐ かんぺきモード　Check 1 ▶ 2 ▶ 3

1st / 2nd GRADE

WEEK
1

2nd / 3rd GRADE
①

WEEK
2

2nd / 3rd GRADE
②

WEEK
3

4th GRADE

WEEK
4

Check 2　Phrases 🎧 26

☐ be **made of** wood （木でできている）

☐ **take a walk** on Sundays （毎日曜日に散歩に行く）

☐ **pass by** a hospital （病院を通り過ぎる）

☐ **think of** a good idea （名案を思いつく）

☐ She is **at home**. （彼女は家にいる）

☐ find his house **at last** （彼の家をついに突き止める）

☐ **It is** Cathy's job **to** do ～. （～するのはキャシーの仕事だ）

☐ **most of** the people （その人々のほとんど）

Check 3　Sentences 🎧 27

☐ This box is **made of** plastic. （この箱はプラスチックでできている）

☐ "Let's **take a walk**," Jason said. （「散歩に行こう」とジェイソンは言った）

☐ We **passed by** our friend's house on our way to school. （私たちは学校へ行く途中、友達の家を通り過ぎた）

☐ I can't **think of** any ideas. （私は何も思いつかない）

☐ He is **at home** making dinner. （彼は家にいて夕食を作っている）

☐ Jane got a perfect score **at last**. （ジェーンはついに満点を取った）

☐ **It is** Cathy's turn **to** clean the kitchen this week. （今週、台所をそうじするのはキャシーの番だ）

☐ I ate **most of** the large pie. （私はその大きなパイの大部分を食べた）

to be continued
▼

Check 1　　Chants 🎧 25

☐ 137
one of A ▶

Aの1つ、Aの1人 ▶

☐ 138
hurry up ▶

急ぐ ▶

☐ 139
take out A
[take A out] ▶

❶Aを取り出す
❷Aを持ち帰る ▶

☐ 140
both A **and** B ▶

AもBも両方 [2人とも] ▶

☐ 141
say hello to A ▶

Aによろしくと伝える ▶

☐ 142
far from A ▶

Aから遠くに ▶

☐ 143
by the way ▶

ところで ▶

☐ 144
right away ▶

すぐに ▶

| Day 8 🎧 22
Quick Review
答えは右ページ下 | ☐ ～するとすぐに
☐ 何回～ですか。
☐ Aのように見える
☐ Aに興味がある | ☐ ～することができる
☐ 時間どおりに
☐ たくさんのA
☐ Aへようこそ。 | ☐ Aから降りる
☐ Aに～するように頼む
☐ 遠く離れて
☐ いらっしゃいませ。 | ☐ すぐに
☐ AかBのどちらか
☐ 電話中で
☐ Aを恐れて |

1st / 2nd GRADE

WEEK
1

2nd / 3rd GRADE
①

WEEK
2

2nd / 3rd GRADE
②

WEEK
3

4th GRADE

WEEK
4

Check 2　Phrases 🎧 26

□ **one of** the best songs（最高の曲の1つ）

□ need to **hurry up** to catch a bus（バスに乗るために急ぐ必要がある）

□ **take out** the notebook（ノートを取り出す）

□ **Both** my sister **and** I went there.（妹も私も2人ともそこへ行った）

□ **Say hello to** her mother.（彼女のお母さんによろしくと伝えて）

□ **far from** my house（自宅から遠くに）

□ **By the way**, did you 〜?（ところで、〜しましたか）

□ Get up **right away**.（すぐに起きなさい）

Check 3　Sentences 🎧 27

□ Kate is **one of** my best friends.（ケイトは私の親友の1人だ）

□ Nancy **hurried up** and ate her breakfast.（ナンシーは急いで朝食を食べた）

□ I **took out** my sandwiches.（私はサンドイッチを取り出した）

□ She liked **both** math **and** science.（彼女は数学も理科も両方好きだった）

□ Please **say hello to** Valerie and Cathy.（バレリーとキャシーによろしくと伝えてください）

□ My hometown is **far from** the sea.（私の故郷はその海から遠くにある）

□ **By the way**, did you write a book report?（ところで、あなたは読書感想文を書きましたか）

□ I need to call him **right away**.（すぐに彼に電話をする必要がある）

Day 8 🎧 22
Quick Review
答えは左ページ下

□ as soon as 〜
□ How often 〜?
□ look like A
□ be interested in A

□ be able to do
□ on time
□ plenty of A
□ Welcome to A.

□ get off A
□ ask A to do
□ far away
□ May I help you?

□ right now
□ either A or B
□ on the phone
□ be afraid of A

Check 1　　Chants 🎧 28

☐ 145
many times　▶

何度も

☐ 146
Shall we 〜?　▶

〜しましょうか。

☐ 147
be **popular among** A　▶

A に人気がある

➕among は「〜の間に［で］」の意味

☐ 148
at first　▶

最初は

☐ 149
have a cold　▶

かぜをひいている

➕catch a cold なら「かぜをひく」の意味

☐ 150
one 〜 and the other ...　▶

一方は〜、他方は…

☐ 151
How long 〜?　▶

❶ (時間や期間について) **どれくらい長く〜ですか。**
❷ (物について) **〜はどれくらいの長さですか。**

☐ 152
be **made from** A　▶

A (原料) でできている

to be continued
▼

単語のあとについているfromやwithなどの前置詞もしっかり押さえよう。同じ単語でも、あとにつく前置詞が違うと意味が違うよ。

□ 聞くだけモード　Check 1
□ しっかりモード　Check 1 ▶ 2
□ かんぺきモード　Check 1 ▶ 2 ▶ 3

1st / 2nd GRADE

WEEK 1

2nd / 3rd GRADE ①

WEEK 2

2nd / 3rd GRADE ②

WEEK 3

4th GRADE

WEEK 4

Check 2　Phrases 🎧 29

Check 3　Sentences 🎧 30

□ be late **many times**（何度も遅刻する）

□ My father goes to Osaka **many times** every year.（私の父は毎年何度も大阪に行く）

□ **Shall we** dance?（踊りましょうか）

□ **Shall we** have lunch in the park?（公園で昼ご飯を食べましょうか）

□ be **popular among** students（生徒に人気がある）

□ The Beatles are **popular among** every generation.（ビートルズはあらゆる世代に人気がある）

□ believed him **at first**（最初は彼を信じていた）

□ They didn't notice her new hairstyle **at first**.（彼らは最初は彼女の新しい髪型に気づかなかった）

□ Andy **had a cold**.（アンディはかぜをひいていた）

□ I may **have a cold**.（かぜをひいているかもしれない）

□ **One** is a carrot **and the other** is a potato.（一方はにんじんで、他方はじゃがいもだ）

□ I like two subjects: **one** is English **and the other** is Japanese.（私の好きな科目は2つある。一方は英語で、他方は国語だ）

□ **How long** is this curtain?（このカーテンはどれくらいの長さですか）

□ **How long** does the opera last?（どれくらい長くそのオペラは続くのですか）

□ be **made from** milk（牛乳でできている）

□ This soap is **made from** olive oil.（この石けんはオリーブ油でできている）

to be continued ▼

Check 1　　Chants 🎧 28

□ 153
get on A
Aに乗る、(get on で) **乗る**

□ 154
be **filled with** A
Aでいっぱいである、Aで満たされている

□ 155
for a long time
長い間

□ 156
take off A
[take A off]
❶Aを脱ぐ
❷Aを取り去る

□ 157
be **famous for** A
Aで有名である

□ 158
by mistake
間違えて

□ 159
a piece of A
1切れのA、1枚のA、1つのA、(some pieces of A で) **いくつかのA**

➊piece は 名「1切れ、部分」の意味

□ 160
be **busy** doing
〜するのに忙しい

Day 9 🎧 25
Quick Review
答えは右ページ下

□ Aでできている　□ 家に　　　　　□ Aの1つ　　　　□ Aによろしくと伝える
□ 散歩に行く　　　□ ついに　　　　□ 急ぐ　　　　　　□ Aから遠くに
□ Aを通り過ぎる　□ …するのは〜だ。□ Aを取り出す　　□ ところで
□ Aを思いつく　　□ Aの大部分　　□ AもBも両方　　□ すぐに

1st / 2nd
GRADE

WEEK
1

2nd / 3rd
GRADE
①

WEEK
2

2nd / 3rd
GRADE
②

WEEK
3

4th
GRADE

WEEK
4

Check 2　Phrases 🎧 29

□ **get on** the train（電車に乗る）

□ be **filled with** water（水で
いっぱいである）

□ live in Tokyo **for a long time**（長い間東京に住む）

□ **take off** my glasses（めが
ねをはずす）

□ be **famous for** acting（演
技で有名である）

□ send to a wrong address **by mistake**（間違えて違うあて先
に送る）

□ **a piece of** pie（1切れのパイ）

□ be **busy** cooking（料理する
のに忙しい）

Check 3　Sentences 🎧 30

□ Tom **gets on** the bus every day.（トムは毎日バスに乗る）

□ The glass is **filled with** orange juice.（そのコップはオレンジジ
ュースでいっぱいである）

□ Yoshiko waited **for a long time** in front of the shop.（ヨシコ
は店の前で長い間待った）

□ He **took off** his jacket as soon as he got home.（彼は帰宅す
るやいなや、ジャケットを脱いだ）

□ Kenya is **famous for** its wildlife.（ケニアは野生動物で有名だ）

□ I sent an email to the wrong person **by mistake**.（私は間違えて、
違う人にEメールを送った）

□ Do you want **a piece of** cake?
（あなたは1切れのケーキが欲しいですか）

□ My mother was **busy** preparing for the party.（私の母は
パーティーの準備をするのに忙しかった）

Day 9 🎧 25
Quick Review
答えは左ページ下

□ be made of A
□ take a walk
□ pass by A
□ think of A

□ at home
□ at last
□ It is 〜 to do.
□ most of A

□ one of A
□ hurry up
□ take out A
□ both A and B

□ say hello to A
□ far from A
□ by the way
□ right away

Check 1　Chants 🎧 31

□ 161
worry about A

Aのことで心配する

□ 162
around the world

世界中の

□ 163
be **known to** A

Aに知られている

56 ▸ 57

□ 164
put on A
[put A on]

Aを身に着ける

□ 165
go abroad

海外へ行く

□ 166
all day

一日中

□ 167
be **covered with** A

Aで覆われている

□ 168
Why don't you ～?

～してはどうですか。

to be continued
▼

学習のペースはつかめてきたかな？ 通学時間や休み時間などのこま切れ時間をうまく使って、学習を進めよう。

☐ 聞くだけモード　Check 1
☐ しっかりモード　Check 1 ▶ 2
☐ かんぺきモード　Check 1 ▶ 2 ▶ 3

1st / 2nd GRADE

WEEK
1

2nd / 3rd GRADE ①

WEEK
2

2nd / 3rd GRADE ②

WEEK
3

4th GRADE

WEEK
4

Check 2　Phrases 🎧 32

Check 3　Sentences 🎧 33

☐ **worry about** the future
（将来のことで心配する）

☐ Don't **worry about** the money for school. （学費のことで心配するな）

☐ people **around the world** （世界中の人々）

☐ We have to protect animals **around the world**. （私たちは世界中の動物を保護しなければならない）

☐ be **known to** everyone （みんなに知られている）

☐ My uncle's job is **known to** all of my classmates. （私のおじの仕事はクラスのみんなに知られている）

☐ **put on** the school uniform （学校の制服を身に着ける）

☐ My grandfather **puts on** a hat before he goes out. （私の祖父は出かける前に帽子をかぶる）

☐ **go abroad** for the World Cup （ワールドカップのために海外へ行く）

☐ We **go abroad** at least once a year. （私たちは少なくとも1年に1度は海外へ行く）

☐ study **all day** （一日中勉強する）

☐ I read books **all day** yesterday. （私は昨日、一日中読書をした）

☐ be **covered with** dust （ほこりで覆われている）

☐ That old house is **covered with** leaves. （その古い家は葉っぱで覆われている）

☐ **Why don't you** eat it? （それを食べてはどうですか）

☐ **Why don't you** play the guitar? （ギターを弾いてはどうですか）

to be continued
▼

Check 1　Chants 🎧 31

□ 169
how to do
▶
～する方法、どう～するか
▶

□ 170
keep (on) doing
▶
～し続ける
▶

□ 171
no longer ～
▶
もはや～でない
▶

□ 172
try on A
[try A on]
▶
Aを試着する
▶

58 ▸ 59

□ 173
take a rest
▶
ひと休みする
▶

□ 174
be **born**
▶
生まれる
▶

□ 175
ask A **for** B
▶
AにBを要求する
▶

□ 176
a number of A
▶
多数のA
▶

Day 10 🎧 28
Quick Review
答えは右ページ下

□ 何度も
□ ～しましょうか。
□ Aに人気がある
□ 最初は

□ かぜをひいている
□ 一方は～、他方は…
□ どれくらい長く～ですか。
□ Aでできている

□ Aに乗る
□ Aでいっぱいである
□ 長い間
□ Aを脱ぐ

□ Aで有名である
□ 間違えて
□ 1切れのA
□ ～するのに忙しい

Check 2　Phrases 🎧 32

□ **how to** cook Japanese food（和食の作り方）

□ **keep** shouting（叫び続ける）

□ **no longer** beautiful（もはや美しくない）

□ **try on** a pair of jeans（ジーンズを1着、試着する）

□ Sam **took a rest**.（サムはひと休みした）

□ A baby was **born**.（赤ちゃんが生まれた）

□ **ask** the library **for** new books（図書館に新しい本を要求する）

□ **a number of** ships（多数の船）

Check 3　Sentences 🎧 33

□ Mr. Brown taught us **how to** take notes.（ブラウン先生は私たちに、ノートの取り方を教えてくれた）

□ Please **keep** going straight.（まっすぐ歩き続けてください）

□ My father is **no longer** young.（私の父はもはや若くない）

□ She **tried on** the suit, but it was too large.（彼女はスーツを試着したが、大きすぎた）

□ Let's **take a rest** and sit down.（ひと休みして座ろう）

□ I was **born** in Tokyo and grew up in Kobe.（私は東京で生まれて、神戸で育った）

□ They **asked** the girl **for** help.（彼らは少女に助けを求めた）

□ **A number of** students caught a cold.（多数の生徒がかぜをひいた）

1st / 2nd GRADE

WEEK 1

2nd / 3rd GRADE ①

WEEK 2

2nd / 3rd GRADE ②

WEEK 3

4th GRADE

WEEK 4

Day 10 🎧 28
Quick Review
答えは左ページ下

□ many times
□ Shall we ～?
□ be popular among A
□ at first

□ have a cold
□ one ～ and the other ...
□ How long ～?
□ be made from A

□ get on A
□ be filled with A
□ for a long time
□ take off A

□ be famous for A
□ by mistake
□ a piece of A
□ be busy doing

Check 1   Chants 🎧 34

☐ 177
run across A

❶ A（人）に偶然会う
❷ A（場所）を走って渡る

☐ 178
May I ask you a favor?

お願いがあるのですが。

☐ 179
a kind of A

Aの一種

☐ 180
get in A

A（場所）に入る、A（タクシーなど）に乗る

☐ 181
be **ready to** do

～する準備ができている

☐ 182
in A's **opinion**

Aの意見では

☐ 183
be **glad to** do

～してうれしい

☐ 184
look up A
[look A up]

（辞書などで）Aを調べる

to be continued
▼

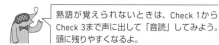

熟語が覚えられないときは、Check 1から Check 3まで声に出して「音読」してみよう。頭に残りやすくなるよ。

☐ 聞くだけモード　Check 1
☐ しっかりモード　Check 1 ▶ 2
☐ かんぺきモード　Check 1 ▶ 2 ▶ 3

1st / 2nd GRADE

WEEK
1

2nd / 3rd GRADE
①

WEEK
2

2nd / 3rd GRADE
②

WEEK
3

4th GRADE

WEEK
4

Check 2　Phrases 🎧 35

Check 3　Sentences 🎧 36

☐ **run across** my old friend（旧友に偶然会う）

☐ I **ran across** George when I was crossing the street.（通りを渡っているとき、私はジョージに偶然会った）

☐ Excuse me. **May I ask you a favor?**（すみません。お願いがあるのですが）

☐ **May I ask you a favor?** Could you lend me your pen?（お願いがあるのですが。ペンを貸していただけますか）

☐ **a kind of** bird（鳥の一種）

☐ A whale is **a kind of** mammal.（くじらはほ乳類の一種だ）

☐ **get in** a taxi（タクシーに乗る）

☐ We **got in** his car and went back home.（私たちは彼の車に乗ってうちへ帰った）

☐ be **ready to** take a test（試験を受ける準備ができている）

☐ She is **ready to** swim.（彼女は泳ぐ準備ができている）

☐ **In** my **opinion**, ~（私の意見では、~）

☐ **In** my **opinion**, mathematics is more difficult than English.（私の意見では、数学は英語より難しい）

☐ be **glad to** see you（あなたに会えてうれしい）

☐ Susie was **glad to** go shopping with her sister.（スージーは妹と買い物に行けてうれしかった）

☐ **look up** the word in the dictionary（辞書でその言葉を調べる）

☐ She **looked up** the restaurant on the internet.（彼女はインターネットでそのレストランを調べた）

to be continued
▼

Check 1　Chants 🎧 34

□ 185
for the first time　初めて

□ 186
part of A　Aの一部

□ 187
say to oneself　心の中で考える、独り言を言う

□ 188
There is [are] A.　Aがある。

□ 189
make a speech　演説をする

□ 190
put A **in** B　AをBに入れる

□ 191
in time　間に合って

□ 192
be sick in bed　病気で寝ている

62 ▸ 63

□ Aのことで心配する　□ 海外へ行く　□ ～する方法　□ ひと休みする
□ 世界中の　□ 一日中　□ ～し続ける　□ 生まれる
□ Aに知られている　□ Aで覆われている　□ もはや～でない　□ AにBを要求する
□ Aを身に着ける　□ ～してはどうですか。　□ Aを試着する　□ 多数のA

Check 2　Phrases 🎧 35

□ talk to her **for the first time**（初めて彼女に話しかける）

□ **part of** the city（都市の一部）

□ She **said to** herself, "～"（彼女は「～」と心の中で考えた）

□ **There is** a door.（扉がある）

□ **make a speech** in English（英語で演説をする）

□ **put** a letter **in** a drawer（手紙を引き出しに入れる）

□ be **in time** for the last bus（終バスに間に合って）

□ **be sick in bed** since April（4月から病気で寝ている）

Check 3　Sentences 🎧 36

□ My family and I traveled around New York **for the first time**.（私と家族は初めてニューヨークを旅して回った）

□ This is only **part of** the town.（これは街のほんの一部だ）

□ Michael **said to** himself, "I'm a better doctor than John."（マイケルは「私はジョンより良い医者だ」と心の中で考えた）

□ **There is** a large window on one side of the classroom.（教室の片側には大きな窓がある）

□ Tom **made a speech** in front of all the students.（トムは全生徒の前で演説をした）

□ My sister **put** her shoes **in** a box.（私の妹は靴を箱に入れた）

□ We were **in time** for the movie.（私たちは映画に間に合った）

□ Mary has been **sick in bed** for three days.（メアリーは3日間、病気で寝ている）

1st / 2nd GRADE
WEEK 1
2nd / 3rd GRADE ①
WEEK 2
2nd / 3rd GRADE ②
WEEK 3
4th GRADE
WEEK 4

Day 11 🎧 31
Quick Review
答えは左ページ下

□ worry about A
□ be known to A
□ put on A
□ go abroad
□ around the world
□ all day
□ be covered with A
□ Why don't you ～?
□ how to do
□ keep doing
□ no longer ～
□ try on A
□ take a rest
□ be born
□ ask A for B
□ a number of A

Check 1   Chants 🎧 37

□ 193
think about A

▶

A のことを [A について] 考える

▶

□ 194
turn off A
[turn A off]

▶

A (テレビ・明かり) を消す

▶

□ 195
pick up A
[pick A up]

▶

A を拾い上げる

▶

□ 196
pass around A
[pass A around]

▶

A を順々に回す

▶

□ 197
be **surprised**
at A

▶

A に驚く

▶

□ 198
what to do

▶

何を〜したらよいか

▶

□ 199
What's wrong
with A?

▶

A はどうしたのですか。

▶

□ 200
decide to do

▶

〜することに決める

▶

to be continued
▼

It is 〜 to do. や There is [are] A. は主語が長くなりそうなときなどに頻繁に登場するよ。要チェックだよ。

☐ 聞くだけモード　Check 1
☐ しっかりモード　Check 1 ▶ 2
☐ かんぺきモード　Check 1 ▶ 2 ▶ 3

1st / 2nd GRADE

WEEK 1

2nd / 3rd GRADE ①

WEEK 2

2nd / 3rd GRADE ②

WEEK 3

4th GRADE

WEEK 4

Check 2　Phrases 🎧 38

☐ **think about** the problem
(その問題について考える)

☐ **turn off** the TV (テレビを消す)

☐ **pick up** the jacket on the floor (床の上のジャケットを拾い上げる)

☐ **pass around** the plate
(そのお皿を順々に回す)

☐ be **surprised at** American culture (アメリカ文化に驚く)

☐ know **what to** do (何をしたらよいか分かっている)

☐ **What's wrong with** you?
(どうしたのですか)

☐ **decide to** go tomorrow
(明日行くことに決める)

Check 3　Sentences 🎧 39

☐ Everyone should **think about the environment**. (みんな環境のことを考えるべきだ)

☐ Don't forget to **turn off** the light before you go to bed. (眠る前に電気を消すのを忘れないで)

☐ Tracy **picked up** a beautiful stone. (トレイシーはきれいな石を拾い上げた)

☐ Please **pass** this note **around**. (このメモを順々に回してください)

☐ I was **surprised at** the volume of American food portions. (私はアメリカの食事のボリュームに驚いた)

☐ We waited to be told **what to do**. (私たちは何をしたらよいか言われるのを待っていた)

☐ "**What's wrong with** Tim?" "I have no idea." (「ティムはどうしたのですか」「私には分からない」)

☐ I **decided to** visit my friend in South Korea. (韓国の友達を訪ねることに決めた)

to be continued ▼

Check 1　Chants 🎧 37

□ 201
be tired from A ▶

A で疲れている

□ 202
had better do ▶

〜するほうがよい、〜すべきである
➕ 主語がI以外のときは、忠告や命令のニュアンスがあるので注意。否定形は had better not do ▶

□ 203
not 〜 yet ▶

まだ〜ない

□ 204
Would you like 〜? ▶

〜はいかがですか。 ▶

□ 205
feel sick ▶

気分が悪い ▶

□ 206
more than A ▶

A 以上の、A を上回って

➕ Aと同数は含まない ▶

□ 207
Here is [are] **〜.** ▶

〜をどうぞ。 ▶

□ 208
remember doing ▶

〜したのを覚えている

➕ remember to do なら「忘れずに〜する」の意味 ▶

Day 12 🎧 34
Quick Review
答えは右ページ下

□ Aに偶然会う
□ お願いがあるのですが。
□ Aの一種
□ Aに入る

□ 〜する準備ができている
□ Aの意見では
□ 〜してうれしい
□ Aを調べる

□ 初めて
□ Aの一部
□ 心の中で考える
□ Aがある。

□ 演説をする
□ AをBに入れる
□ 間に合って
□ 病気で寝ている

1st / 2nd
GRADE

WEEK
1

2nd / 3rd
GRADE
①

WEEK
2

2nd / 3rd
GRADE
②

WEEK
3

4th
GRADE

WEEK
4

Check 2　Phrases 🎧 38

□ be **tired from** studying（勉強で疲れている）

□ **had better** answer soon（すぐに答えるほうがよい）

□ be **not** ready **yet**（まだ準備ができていない）

□ **Would you like** a chocolate?（チョコレートはいかがですか）

□ **feel sick** in the car（車内で気分が悪い）

□ **more than** 100 books（100冊より多くの本）

□ **Here is** your tea.（お茶をどうぞ）

□ **remember** talking to her（彼女に話しかけたのを覚えている）

Check 3　Sentences 🎧 39

□ My older brother is **tired from** playing baseball.（私の兄は野球で疲れている）

□ You **had better** return your books to the library before it closes.（図書館が閉まる前に本を返すほうがよい）

□ Steve has **not** eaten natto **yet**.（スティーブはまだ納豆を食べたことがない）

□ **Would you like** some tea or coffee?（お茶かコーヒーはいかがですか）

□ I **felt sick** this morning.（私は今朝、気分が悪かった）

□ He reads **more than** two books a week.（彼は1週間に3冊以上の本を読む）

□ **Here is** a birthday present for you.（あなたへの誕生日プレゼントをどうぞ）

□ I don't **remember** buying these clothes.（私はこれらの服を買ったのを覚えていない）

Day 12 🎧 34
Quick Review
答えは左ページ下

□ run across A
□ May I ask you a favor?
□ a kind of A
□ get in A

□ be ready to do
□ in A's opinion
□ be glad to do
□ look up A

□ for the first time
□ part of A
□ say to oneself
□ There is A.

□ make a speech
□ put A in B
□ in time
□ be sick in bed

Check 1   Chants 🎧 40

□ 209
all over
いたる所で [に]、**一面に**

□ 210
walk around A
A を歩き回る

□ 211
sound like A
A のように聞こえる

□ 212
die from A
A（病気などが原因）**で死ぬ**

□ 213
go on
進み続ける、（go on doing で）**〜し続ける**

□ 214
tell A to do
A（人）**に〜するように言う**

□ 215
not A but B
A ではなく B

□ 216
write back (to A)
（A に）**返事を書く**

to be continued ▼

ここまでお疲れさまでした。今日でWEEK 2も おしまいだよ。WEEK REVIEWを終えたら、い よいよ後半スタート!

□ 聞くだけモード　Check 1
□ しっかりモード　Check 1 ▸ 2
□ かんぺきモード　Check 1 ▸ 2 ▸ 3

1st / 2nd
GRADE

WEEK
1

2nd / 3rd
GRADE
①

WEEK
2

2nd / 3rd
GRADE
②

WEEK
3

4th
GRADE

WEEK
4

Check 2　Phrases 🎧 41

□ look **all over** for my glasses（いたる所で私のめがねを 探す）

□ **walk around** the town（街 を歩き回る）

□ **sound like** a frog（カエルの ように聞こえる）

□ **die from** a heart attack （心臓発作で死ぬ）

□ **go on** walking（歩き続ける）

□ **tell** my brother **to** stay here（弟にここにいるように言う）

□ **not** coffee **but** tea（コーヒー ではなく紅茶）

□ **write back** to my friend （友達に返事を書く）

Check 3　Sentences 🎧 42

□ "I looked **all over** for you," John said.（「僕はいたる所で君を探した よ」とジョンは言った）

□ I **walked around** the festival. （私はお祭りを歩き回った）

□ Her voice **sounded like** a boy's.（彼女の声は男の子の声のように聞 こえた）

□ Many people **die from** cancer every year.（毎年多くの人々ががんで亡 くなっている）

□ We **went on** though it was snowing.（雪が降っていたが、私たちは 進み続けた）

□ She **told** me **to** go to the post office later.（彼女は私に後で郵便局に行 くように言った）

□ Mr. Smith does **not** teach geography **but** history.（スミス先 生は地理ではなく歴史を教えている）

□ I was happy that my friend **wrote back** to me.（私の友達が私に 返事を書いてくれてうれしかった）

to be continued
▼

Check 1　Chants 🎧 40

□ 217
stay up late ▸
夜ふかしをする ▸

□ 218
be **pleased with** A ▸
A に満足している、A に喜んでいる ▸

□ 219
some of A ▸
A のいくらか、A のいくつか ▸

□ 220
have [has] **been to** A ▸
A へ行ったことがある
➕「A へ行ったことがない」は have [has] never been to A ▸

□ 221
go by A ▸
A のそばを通る ▸

□ 222
must not do ▸
～してはいけない
➕ 禁止の意味を表す ▸

□ 223
make friends with A ▸
A と親しくなる、A と友達になる ▸

□ 224
all alone ▸
1人ぼっちで ▸

| Day 13 🎧 37 Quick Review 答えは右ページ下 | □ A のことを考える □ A を消す □ A を拾い上げる □ A を順々に回す | □ A に驚く □ 何を～したらよいか □ A はどうしたのですか。 □ ～することに決める | □ A で疲れている □ ～するほうがよい □ まだ～ない □ ～はいかがですか。 | □ 気分が悪い □ A 以上の □ ～をどうぞ。 □ ～したのを覚えている |

1st / 2nd GRADE

WEEK
1

2nd / 3rd GRADE
①

WEEK
2

2nd / 3rd GRADE
②

WEEK
3

4th GRADE

WEEK
4

Check 2　Phrases 🎧 41

☐ Don't **stay up late**. (夜ふか
しをしてはいけません)

☐ be **pleased with** a
present (プレゼントに満足してい
る)

☐ **some of** the students in
the library (図書館にいる生徒の何
人か)

☐ **have been to** Hong Kong
(香港へ行ったことがある)

☐ **go by** a school building
(校舎のそばを通る)

☐ **must not** drink alcohol(お
酒を飲んではいけない)

☐ **make friends with** Tom
(トムと親しくなる)

☐ stand **all alone** (1人ぼっちで
立つ)

Check 3　Sentences 🎧 42

☐ I **stayed up late** last night to
play the game. (私はゲームをするた
めに昨夜は夜ふかしした)

☐ My father was **pleased with**
his present from my brother.
(私の父は、私の弟からのプレゼントに満足
していた)

☐ My mother bought **some of**
the apples in the store. (私の母は
店のリンゴのいくつかを買った)

☐ My family **has been to** Italy
once. (私の家族は一度、イタリアへ行っ
たことがある)

☐ We **go by** an old church every
morning. (私たちは毎朝、古い教会のそ
ばを通る)

☐ You **must not** stand here. (こ
こに立ってはいけないよ)

☐ **Make friends with** your
classmates and enjoy school.
(あなたのクラスメートと親しくなって、学
校を楽しみなさい)

☐ My friend was waiting for me
all alone. (私の友達は1人ぼっちで私を
待っていた)

| Day 13 🎧 37
Quick Review
答えは左ページ下 | ☐ think about A
☐ turn off A
☐ pick up A
☐ pass around A | ☐ be surprised at A
☐ what to do
☐ What's wrong with A?
☐ decide to do | ☐ be tired from A
☐ had better do
☐ not 〜 yet
☐ Would you like 〜? | ☐ feel sick
☐ more than A
☐ Here is 〜.
☐ remember doing |

WEEK 2 REVIEW

この週のまとめとして、練習問題にチャレンジ。チェックシートで答えを隠して、
問題にどんどん答えていこう。間違えた問題はボックスをチェックし、
ボックス下の見出し番号に戻ってもう一度復習しよう。

☐ Here is a birthday present for you.
207 （あなたへの誕生日プレゼントをどうぞ）

☐ Nancy hurried up and ate her breakfast.
138 （ナンシーは急いで朝食を食べた）

☐ I will come as soon as you need help.
113 （あなたが助けを必要とすればすぐに私は行く）

☐ She tried on the suit, but it was too large.
172 （彼女はスーツを試着したが、大きすぎた）

☐ Don't worry about the money for school.
161 （学費のことで心配するな）

☐ We go abroad at least once a year.
165 （私たちは少なくとも 1 年に 1 度は海外へ行く）

☐ We got off the train at Ueno.
121 （私たちは上野で電車から降りた）

☐ Jane got a perfect score at last .
134 （ジェーンはついに満点を取った）

☐ Many people die from cancer every year.
212 （毎年多くの人々ががんで亡くなっている）

☐ The Beatles are popular among every generation.
147 （ビートルズはあらゆる世代に人気がある）

1st / 2nd GRADE

WEEK 1

2nd / 3rd GRADE ①

WEEK 2

2nd / 3rd GRADE ②

WEEK 3

4th GRADE

WEEK 4

☐ I will go to _either_ the U.K. _or_ the U.S.
126 （私はイギリスかアメリカのどちらかに行くつもりだ）

☐ She liked _both_ math _and_ science.
140 （彼女は数学も理科も両方好きだった）

☐ My uncle's job is _known_ _to_ all of my classmates.
163 （私のおじの仕事はクラスのみんなに知られている）

☐ Mary has been _sick_ _in_ _bed_ for three days.
192 （メアリーは 3 日間、病気で寝ている）

☐ You _must_ _not_ stand here.
222 （ここに立ってはいけないよ）

☐ The glass is _filled_ _with_ orange juice.
154 （そのコップはオレンジジュースでいっぱいである）

☐ _Why_ _don't_ _you_ play the guitar？
168 （ギターを弾いてはどうですか）

☐ I _stayed_ _up_ _late_ last night to play the game.
217 （私はゲームをするために昨夜は夜ふかしした）

☐ My father goes to Osaka _many_ _times_ every year.
145 （私の父は毎年何度も大阪に行く）

☐ Yoshiko waited _for_ _a_ _long_ _time_ in front of the
155 shop.
（ヨシコは店の前で長い間待った）

☐ Mike is _interested_ _in_ learning Japanese.
116 （マイクは日本語を勉強することに興味がある）

□ **We were** <u>in</u> <u>time</u> **for the movie.**
191 （私たちは映画に間に合った）

□ **He is** <u>at</u> <u>home</u> **making dinner.**
133 （彼は家にいて夕食を作っている）

□ **My family** <u>has</u> <u>been</u> <u>to</u> **Italy once.**
220 （私の家族は一度、イタリアへ行ったことがある）

□ <u>In</u> **my** <u>opinion</u> **, mathematics is more difficult than**
182 **English.**

（私の意見では、数学は英語より難しい）

□ **Her voice** <u>sounded</u> <u>like</u> **a boy's.**
211 （彼女の声は男の子の声のように聞こえた）

□ **My family and I traveled around New York** <u>for</u> <u>the</u>
185 <u>first</u> <u>time</u> **.**
（私と家族は初めてニューヨークを旅して回った）

□ **My mother bought** <u>some</u> <u>of</u> **the apples in the store.**
219 （私の母は店のリンゴのいくつかを買った）

□ **I was** <u>surprised</u> <u>at</u> **the volume of American**
197 **food portions.**

（私はアメリカの食事のボリュームに驚いた）

□ **My little sister is** <u>afraid</u> <u>of</u> **dogs.**
128 （私の妹は犬を恐れている）

どれだけできた？
さあ次は WEEK 3だ
よ。ガンバロウ！

1st / 2nd
GRADE

WEEK
1

2nd / 3rd
GRADE
①

WEEK
2

2nd / 3rd
GRADE
②

WEEK
3

4th
GRADE

WEEK
4

2nd / 3rd GRADE ②
（中2～中3レベル）

WEEK 3

ここまでお疲れさまでした。今週も中学2年～3年生レベルの必須熟語を覚えていきましょう。『改訂版 キクジュク【中学英熟語】高校入試レベル』も半分が終わりました。ふんばりどころです。

英語でコレ言える？
Can you say this in English?
（　）に入る語が分かるかな？
▼

授業中にしばらく居眠りしちゃったんだよね。

I fell asleep (　　) (　　) (　　　) in class.

▼
答えはDay 20でチェック！

Check 1　Chants 🎧 43

□ 225
because of A

Aのために、Aのせいで

□ 226
get home

帰宅する

□ 227
again and again

何度もくり返して

□ 228
hundreds of A

何百ものA、多数のA

□ 229
do A's **best**

最善を尽くす

□ 230
get better

良くなる、良い方向に向かう

□ 231
the same A **as** B

Bと同じA

□ 232
find out A
[find A out]

Aを解明する、Aを知る

to be continued
▼

今日からWEEK 3のスタート。中学2年〜3年の熟語の後半だよ。学習していて分からない単語があったら、辞書で調べるようにしよう。

☐ 聞くだけモード　Check 1
☐ しっかりモード　Check 1 ▸ 2
☐ かんぺきモード　Check 1 ▸ 2 ▸ 3

1st / 2nd GRADE

WEEK 1

2nd / 3rd GRADE ①

WEEK 2

2nd / 3rd GRADE ②

WEEK 3

4th GRADE

WEEK 4

Check 2　Phrases 🎧 44

☐ feel sick **because of** a cold（かぜのために気分が悪い）

☐ **get home** early（早く帰宅する）

☐ say the same thing **again and again**（同じことを何度もくり返して言う）

☐ **hundreds of** ants（何百匹ものアリ）

☐ He **did** his **best**.（彼は最善を尽くした）

☐ **get better** in a month（1カ月で良くなる）

☐ **the same** topic **as** her novel（彼女の小説と同じ主題）

☐ **find out** a reason（原因を解明する）

Check 3　Sentences 🎧 45

☐ I couldn't go out **because of** the bad weather.（悪天候のために、私は外出できなかった）

☐ I **got home** at 8 p.m. yesterday.（私は昨日、午後8時に帰宅した）

☐ My mother called me **again and again**.（私の母は何度も私を呼んだ）

☐ **Hundreds of** soldiers were killed in the war.（その戦争で何百もの兵士が亡くなった）

☐ Charles **did** his **best** to pass the exam.（チャールズは試験に受かるために最善を尽くした）

☐ Her English is **getting better**.（彼女の英語は良くなってきている）

☐ I am wearing **the same** sweater **as** my sister.（私は妹と同じセーターを着ている）

☐ They **found out** the truth.（彼らは真実を知った）

to be continued ▼

Check 1　Chants 🎧 43

□ 233
after all
▶

結局のところ
▶

□ 234
not always ～
▶

必ずしも～とは限らない、常に～とは限らない
▶

□ 235
a group of A
▶

Aの一団、Aの一群
▶

□ 236
grow up
▶

成長する
▶

□ 237
at least
▶

少なくとも
▶

□ 238
not ～ anymore
▶

これ以上～ない
▶

□ 239
next to A
▶

Aの隣に
▶

□ 240
fight against A
▶

Aと戦う、Aと闘（たたか）う
▶

Day 14 🎧 40
Quick Review
答えは右ページ下

□ いたる所で
□ Aを歩き回る
□ Aのように聞こえる
□ Aで死ぬ

□ 進み続ける
□ Aに～するように言う
□ AではなくB
□ 返事を書く

□ 夜ふかしをする
□ Aに満足している
□ Aのいくらか
□ Aへ行ったことがある

□ Aのそばを通る
□ ～してはいけない
□ Aと親しくなる
□ 1人ぼっちで

1st/2nd GRADE

WEEK 1

2nd/3rd GRADE ①

WEEK 2

2nd/3rd GRADE ②

WEEK 3

4th GRADE

WEEK 4

Check 2　Phrases 🎧 44

□ miss the train **after all**（結局のところ電車に乗り遅れる）

□ **can't always** win（必ずしも勝てるとは限らない）

□ **a group of** artists（芸術家の一団）

□ **grow up** slowly（ゆっくりと成長する）

□ need **at least** three weeks（少なくとも3週間が必要だ）

□ I **don't** write to her **anymore**.（私はこれ以上彼女に手紙を書かない）

□ stand **next to** each other（互いに隣り合わせで立つ）

□ **fight against** disease（病気と闘う）

Check 3　Sentences 🎧 45

□ I couldn't go to the party **after all**.（私は結局のところパーティーへ行けなかった）

□ I **don't always** take good pictures.（私は常に上手に写真を撮れるとは限らない）

□ There was **a group of** musicians in the cafe.（喫茶店には音楽家の一団がいた）

□ I **grew up** in this town.（私はこの町で成長した）

□ The new jacket cost **at least** 20,000 yen.（その新しいジャケットは少なくとも2万円かかった）

□ He did **not** appear **anymore**.（彼はこれ以上姿を現さなかった）

□ I sat down **next to** her at the dinner.（私はディナーのとき彼女の隣に座った）

□ We should **fight against** global warming.（私たちは地球温暖化と闘うべきだ）

Day 14 🎧 40
Quick Review
答えは左ページ下

□ all over
□ walk around A
□ sound like A
□ die from A
□ go on
□ tell A to do
□ not A but B
□ write back
□ stay up late
□ be pleased with A
□ some of A
□ have been to A
□ go by A
□ must not do
□ make friends with A
□ all alone

Check 1　Chants 🎧 46

□ 241
lie down

（人・動物が）**横たわる、横になる**

➕ 活用はlay-lain。「～を横たえる」はlay（活用はlaid-laid）

□ 242
no one ～

誰も～ない、1人も～ない

□ 243
How do you like ～?

～は[を]どう思いますか。

□ 244
such as ～

例えば～、～など

□ 245
enjoy oneself

愉快に過ごす、楽しむ

□ 246
put A **into** B

❶A を B に入れる
❷A を B に言い換える [翻訳する]

□ 247
without doing

～しないで

□ 248
hear from A

A から連絡をもらう

to be continued
▼

How do you like ～?などの会話で使える表現も、入試には頻繁に出てくるよ。会話表現も押さえておこう。

□ 聞くだけモード　Check 1
□ しっかりモード　Check 1 ▸ 2
□ かんぺきモード　Check 1 ▸ 2 ▸ 3

1st / 2nd GRADE

WEEK
1

2nd / 3rd GRADE ①

WEEK
2

2nd / 3rd GRADE ②

WEEK
3

4th GRADE

WEEK
4

Check 2　Phrases 🎧 47

Check 3　Sentences 🎧 48

□ **lie down** on the grass （芝生 [しばふ] の上に横たわる）

▸ □ **She lay down** on the bed. （彼女はベッドに横たわった）

□ **No one** is in the room. （誰もその部屋にいない）

▸ □ **No one** could answer the question. （誰もその質問に答えられなかった）

□ **How do you like** their ～? （彼らの～をどう思いますか）

▸ □ **How do you like** this TV program? （あなたはこのテレビ番組をどう思いますか）

□ flowers **such as** roses, carnations and tulips （例えばバラ、カーネーション、チューリップといった花）

▸ □ I like vegetables **such as** tomatoes and cabbage. （私は例えばトマトやキャベツといった野菜が好きだ）

□ **enjoy** myself （愉快に過ごす）

▸ □ Did you **enjoy** yourself at the movie? （その映画を楽しみましたか）

□ **put** your ideas **into** words （あなたの考えを言葉に言い換える）

▸ □ I **put** the money **into** my bag. （私はお金をバッグに入れた）

□ go out **without** changing clothes （着替えないで出かける）

▸ □ She went home **without** saying goodbye. （彼女はさようならも言わないで家に帰った）

□ **hear from** my cousin （私のいとこから連絡をもらう）

▸ □ I haven't **heard from** her for two years. （私は彼女から2年も連絡をもらっていない）

to be continued ▼

Check 1　Chants 🎧 46

□ 249
with a smile
▸
ほほ笑みながら
▸

□ 250
stay at A
▸
Aに泊まる、Aに滞在する
▸

□ 251
enough to do
▸
～するに足りるほど
▸

□ 252
all the time
▸
四六時中、いつも
▸

82 ▸ 83

□ 253
this way
▸
❶このように
❷こちらへ
▸

□ 254
Why not?
▸
❶もちろん
❷なぜ（しないの）
▸

□ 255
day by day
▸
一日ごとに、一日一日と
▸

□ 256
go away (from A)
▸
❶（Aから）立ち去る
❷（遠くへ）出かける
▸

Check 2　Phrases 🎧 47

☐ talk to me **with a smile**
（ほほ笑みながら私に話しかける）

☐ **stay at** the hotel（ホテルに泊まる）

☐ strong **enough to** lift this stone（この岩を持ち上げるほど強い）

☐ traffic accidents happen **all the time**（交通事故は四六時中起こる）

☐ use the pen **this way**（ペンはこのように使いなさい）

☐ **"Why not?"** Sarah said.（「もちろんよ」とサラは言った）

☐ get better **day by day**（一日ごとに良くなる）

☐ **go away** from here（ここから立ち去る）

Check 3　Sentences 🎧 48

☐ The woman gave me a glass of water **with a smile**.（その女性はほほ笑みながらコップ1杯の水をくれた）

☐ She **stayed at** her friend's apartment.（彼女は友達のアパートに泊まった）

☐ This curtain is thick **enough to** shut out the sunlight.（このカーテンは、日光をさえぎるに足りるほど厚い）

☐ My sister is eating snacks **all the time**.（私の妹は四六時中お菓子を食べている）

☐ In English, you write his name **this way**.（英語では、彼の名前はこのように書きます）

☐ "Can I ask you a question?" **"Why not?"**（「質問してもいい?」「もちろん」）

☐ Things will get better **day by day**.（物事は一日ごとに良くなるだろう）

☐ He **went away** from Tokyo in March.（彼は3月に東京から立ち去った）

1st / 2nd GRADE

WEEK 1

2nd / 3rd GRADE ①

WEEK 2

2nd / 3rd GRADE ②

WEEK 3

4th GRADE

WEEK 4

Day 15 🎧 43
Quick Review
答えは左ページ下

☐ because of A
☐ get home
☐ again and again
☐ hundreds of A

☐ do A's best
☐ get better
☐ the same A as B
☐ find out A

☐ after all
☐ not always ～
☐ a group of A
☐ grow up

☐ at least
☐ not ～ any more
☐ next to A
☐ fight against A

Check 1　　Chants 🎧 49

□ 257
work for A

▶ **A に勤めている**

□ 258
A as well as B

▶ **B と同様に A も**

□ 259
make up A's mind

▶ **決心する**

□ 260
feel down

▶ **落ち込む**

□ 261
go up A

▶ **A を登る、A を上がる**

□ 262
go down A

▶ **A を下りる**

□ 263
would like to do

▶ **〜したいと思う**

➕ want to do（〜したい）よりもていねいな言い方

□ 264
leave home

▶ **❶家を出る**
❷故郷を離れる

to be continued
▼

A as well as B や in order to do などの重要構文は、しっかり頭の中に入れるようにしよう。覚えることが多いけど頑張ろうね。

☐ 聞くだけモード　Check 1
☐ しっかりモード　Check 1 ▸ 2
☐ かんぺきモード　Check 1 ▸ 2 ▸ 3

1st / 2nd GRADE

WEEK
1

2nd / 3rd GRADE ①

WEEK
2

2nd / 3rd GRADE ②

WEEK
3

4th GRADE

WEEK
4

Check 2　Phrases 🎧 50

Check 3　Sentences 🎧 51

☐ **work for** a gas company
（ガス会社に勤めている）

☐ My father **works for** a toy company. （私の父はおもちゃ会社に勤めている）

☐ books **as well as** magazines （雑誌と同様に本も）

☐ My sister is good at English **as well as** French. （私の妹はフランス語と同様に英語も得意だ）

☐ **make up** my **mind** now （今決心する）

☐ I **made up** my **mind** to study abroad. （私は留学する決心をした）

☐ I'm **feeling down**. （私は落ち込んでいる）

☐ Don't **feel down**. Everything will be OK. （落ち込まないで。万事大丈夫だから）

☐ **go up** the hill （丘を登る）

☐ A group of people **went up** the mountain. （ある人々の集団が山を登った）

☐ **go down** a mountain （山を下りる）

☐ I was **going down** a mountain when I saw a rabbit. （私はうさぎを見たとき、山を下りていた）

☐ **would like to** have lunch （昼食を取りたいと思う）

☐ I **would like to** go to the new restaurant. （その新しいレストランに行きたいと思うのですが）

☐ **leave home** at 8 a.m. （午前8時に家を出る）

☐ She **left home** a few minutes ago. （彼女は数分前に家を出た）

to be continued
▼

Check 1　Chants 🎧 49

□ 265
**shake hands
with** A
▸

A と握手する
▸

□ 266
go and do
▸

～しに行く
▸

□ 267
at the same time ▸

それと同時に
▸

□ 268
get married
▸

結婚する
▸

□ 269
hear about A
▸

A について聞く
▸

□ 270
in order to do
▸

～するために
▸

□ 271
next time
▸

この次は
▸

□ 272
get away
▸

逃げる
▸

Day 16 🎧 46
Quick Review
答えは右ページ下

□ 横たわる
□ 誰も～ない
□ ～はどう思いますか。
□ 例えば

□ 愉快に過ごす
□ A を B に入れる
□ ～しないで
□ A から連絡をもらう

□ ほほ笑みながら
□ A に泊まる
□ ～するに足りるほど
□ 四六時中

□ このように
□ もちろん
□ 一日ごとに
□ 立ち去る

1st / 2nd
GRADE

WEEK
1

2nd / 3rd
GRADE
①

WEEK
2

2nd / 3rd
GRADE
②

WEEK
3

4th
GRADE

WEEK
4

Check 2   Phrases 🎧 50

□ **shake hands with** a friend（友人と握手する）

□ **go and** enjoy the food（食べ物を楽しみに行く）

□ kind and, **at the same time**, funny（親切で、それと同時におもしろい）

□ **get married** to Tom（トムと結婚する）

□ **hear about** the car accident（自動車事故について聞く）

□ **in order to** win the game（試合に勝つために）

□ See you **next time**.（また会いましょう）

□ **get away** from me（私から逃げる）

Check 3   Sentences 🎧 51

□ Everyone wanted to **shake hands with** the singer.（誰もがその歌手と握手したがった）

□ Let's **go and** play the game.（ゲームをしに行きましょう）

□ They are classmates and, **at the same time**, good friends.（彼らはクラスメートで、それと同時に良い友達だ）

□ Tom and Kate **got married**.（トムとケイトは結婚した）

□ Did you **hear about** the car accident yesterday?（昨日の自動車事故について聞きましたか?）

□ We have to practice tennis harder **in order to** win the game.（試合に勝つために、私たちはもっとテニスの練習をしなければいけない）

□ I will bring my game **next time**.（この次は私のゲームを持ってくるよ）

□ My cat **got away** from my mother.（私の猫は私の母から逃げた）

Day 16 🎧 46
Quick Review
答えは左ページ下

□ lie down
□ no one ～
□ How do you like ～?
□ such as ～

□ enjoy oneself
□ put A into B
□ without doing
□ hear from A

□ with a smile
□ stay at A
□ enough to do
□ all the time

□ this way
□ Why not?
□ day by day
□ go away

Check 1　　Chants 🎧 52

□ 273
too ~ to do
▶

…するには~すぎる
▶

□ 274
as ~ as A **can**
▶

A が [は] できるだけ~

➕as ~ as possible で「できるだけ~の [に]」。
~には形容詞・副詞・形容詞＋名詞が来る
▶

□ 275
wash away A
[wash A away]
▶

A を洗い流す、A を押し流す
▶

□ 276
in an emergency
▶

緊急の場合には
▶

□ 277
these days
▶

このごろ、最近
▶

□ 278
in peace
▶

❶**安心して**
❷**平和に**
▶

□ 279
take away A
[take A away]
▶

A を片づける
▶

□ 280
for some time
▶

しばらくの間
▶

88 ▸ 89

to be continued
▼

1st / 2nd
GRADE

WEEK
1

2nd / 3rd
GRADE
①

WEEK
2

2nd / 3rd
GRADE
②

WEEK
3

4th
GRADE

WEEK
4

too ~ to do や as ~ as A can も重要なので、しっかり使い方を覚えておこう。フレーズやセンテンスで覚えると頭に残りやすいよ。

□ 聞くだけモード　Check 1
□ しっかりモード　Check 1 ▶ 2
□ かんぺきモード　Check 1 ▶ 2 ▶ 3

Check 2　Phrases 🎧 53

□ **too** large **to** wear（着るには大きすぎる）

□ **as** fast **as** you **can**（あなたができるだけ早く）

□ be **washed away** by water（水で洗い流される）

□ call him **in an emergency**（緊急の場合には彼に電話する）

□ **These days**, I ~（このごろ私は~）

□ study **in peace**（安心して勉強する）

□ **take away** some glasses（コップを片づける）

□ read **for some time**（しばらくの間読む）

Check 3　Sentences 🎧 54

□ She was **too** shy **to** make a speech.（彼女は演説するには内気すぎた）

□ Macy finished her homework **as** quickly **as** she **could**.（メイシーはできるだけ素早く宿題を済ませた）

□ The wave **washed away** the sandcastle.（その波は砂の城を押し流した）

□ The school will close **in an emergency**.（緊急の場合には学校は閉鎖されるだろう）

□ **These days**, I don't read many books.（このごろ、私はあまり本を読んでいない）

□ The baby is sleeping **in peace**.（赤ちゃんが安心して眠っている）

□ I **took away** the dishes and prepared dessert.（私は皿を片づけて、デザートの用意をした）

□ I lay on my bed **for some time**.（私はしばらくの間、ベッドに横になっていた）

to be continued ▼

Check 1　　Chants 🎧 52

□ 281 **in return** ▶	お返しに ▶
□ 282 **in the end** ▶	結局、ついに ▶
□ 283 **one after another** ▶	次々に ▶
□ 284 **run into** A ▶	❶A（人）に偶然出会う ❷A（困難）に遭遇する ▶
□ 285 **take part in** A ▶	Aに参加する ▶
□ 286 **throw away** A [throw A away] ▶	Aを捨てる ▶
□ 287 **at the end of** A ▶	❶Aの終わりに ❷Aの端に ▶
□ 288 **hear of** A ▶	Aについて伝え聞く ▶

Day 17 🎧 49
Quick Review
答えは右ページ下

□Aに勤めている	□Aを登る	□Aと握手する	□Aについて聞く
□Bと同様にAも	□Aを下りる	□～しに行く	□～するために
□決心する	□～したいと思う	□それと同時に	□この次は
□落ち込む	□家を出る	□結婚する	□逃げる

1st / 2nd GRADE

WEEK 1

2nd / 3rd GRADE ①

WEEK 2

2nd / 3rd GRADE ②

WEEK 3

4th GRADE

WEEK 4

Check 2　Phrases 🎧 53

☐ **in return** for the help（手助けのお返しに）

☐ did not go to her house **in the end**（結局彼女の家に行かなかった）

☐ read books **one after another**（本を次々に読む）

☐ **run into** my old friend（古い友達に偶然出会う）

☐ **take part in** the campaign（活動に参加する）

☐ **throw away** newspapers（新聞を捨てる）

☐ **at the end of** August（8月の終わりに）

☐ **hear of** the movie（その映画について伝え聞く）

Check 3　Sentences 🎧 54

☐ I will give you this book **in return** for your help.（助けてくれたお返しにあなたにこの本をあげよう）

☐ **In the end**, I decided to buy the T-shirt.（結局、私はそのTシャツを買うことに決めた）

☐ The horses came **one after another**.（馬が次々にやってきた）

☐ I **ran into** my teacher on the weekend.（週末、私の先生に偶然出会った）

☐ I **took part in** the summer camp.（私はそのサマーキャンプに参加した）

☐ Don't **throw away** cans with that paper.（その紙と一緒に缶を捨ててはいけません）

☐ I had to finish a lot of homework **at the end of** my summer vacation.（私は夏休みの終わりに多くの宿題を終えねばならなかった）

☐ Have you **heard of** this brand?（このブランドについて聞いたことがありますか）

Day 17 🎧 49
Quick Review
答えは左ページ下

☐ work for A
☐ A as well as B
☐ make up A's mind
☐ feel down

☐ go up A
☐ go down A
☐ would like to do
☐ leave home

☐ shake hands with A
☐ go and do
☐ at the same time
☐ get married

☐ hear about A
☐ in order to do
☐ next time
☐ get away

Check 1　　Chants 🎧 55

□ 289
answer the telephone
　▸
電話に出る
　▸

□ 290
be sold out
　▸
売り切れた
　▸

□ 291
at the age of A
　▸
A歳の時に
　▸

□ 292
go around A
　▸
Aの周りを回る
　▸

□ 293
have fun with A
　▸
Aで [と] 楽しく遊ぶ
　▸

□ 294
just then
　▸
ちょうどそのとき
　▸

□ 295
not only ~ **but also** ...
　▸
~ばかりでなく…も
　▸

□ 296
even if ~
　▸
たとえ~でも
　▸

to be continued ▼

WEEK 3もあと2日というところまで来ました。ここまで覚えた熟語は288熟語。ずいぶんたくさん覚えたね。さあ、あとちょっとだよ!

□ 聞くだけモード　Check 1
□ しっかりモード　Check 1 ▶ 2
□ かんぺきモード　Check 1 ▶ 2 ▶ 3

1st / 2nd GRADE

WEEK
1

2nd / 3rd GRADE ①

WEEK
2

2nd / 3rd GRADE ②

WEEK
3

4th GRADE

WEEK
4

Check 2　Phrases 🎧 56

□ Please **answer the telephone**. (電話に出てください)

□ be all **sold out** (すべて売り切れた)

□ **at the age of** 15 (15歳の時に)

□ **go around** the park (公園の周りを回る)

□ **have fun with** the new game (新しいゲームで楽しく遊ぶ)

□ ran across my friend **just then** (ちょうどそのとき、友達にばったり会った)

□ **not only** lunch **but also** dinner (昼食ばかりでなく夕食も)

□ **even if** she doesn't come, ～ (たとえ彼女が来なくても、～)

Check 3　Sentences 🎧 57

□ Why didn't you **answer the telephone** last night? (なぜ昨夜電話に出なかったのですか)

□ Tomorrow's performance **is all sold out**. (明日の公演はすべて売り切れた)

□ She began piano lessons **at the age of** 9. (彼女は9歳の時にピアノを習い始めた)

□ You need to **go around** this building to get to the post office. (郵便局に行くにはこの建物の周りを回る必要がある)

□ Our children **had fun with** their friends. (うちの子どもたちは彼らの友達と楽しく遊んだ)

□ I was thinking about her, and **just then**, she called me. (私は彼女のことを考えていた。ちょうどそのとき、彼女から電話がかかってきた)

□ Mrs. Johnson **not only** made dinner **but also** baked a cake. (ジョンソンさんは夕食を作ったばかりでなく、ケーキを焼くことまでしてくれた)

□ We will have a sports day **even if** it rains. (たとえ雨が降っても、体育祭は行われるだろう)

to be continued ▼

Day 19

Check 1　Chants 🎧 55

□ 297
look after A

Aの世話をする

□ 298
in fact

それどころか

□ 299
blow off A

Aを吹き飛ばす

[blow A off]

□ 300
anytime

いつでも

□ 301
help A **with** B

A（人）のB（仕事など）を手伝う

□ 302
seem to do

〜するように思われる、〜するように見える

□ 303
first of all

何よりも、まず第一に

□ 304
smile at A

Aを見てにっこり笑う

□ …するには〜すぎる	□ このごろ	□ お返しに	□ Aに参加する
□ Aができるだけ〜	□ 安心して	□ 結局	□ Aを捨てる
□ Aを洗い流す	□ Aを片づける	□ 次々に	□ Aの終わりに
□ 緊急の場合には	□ しばらくの間	□ Aに偶然出会う	□ Aについて伝え聞く

		WEEK **1**
☐ **look after** my younger sister (妹の世話をする)	☐ She **looks after** two little kids. (彼女は2人の小さな子どもの世話をする)	

		WEEK **2**
☐ do not like meat **in fact** (それどころか肉が好きではない)	☐ **In fact**, Spanish is one of the easiest languages to learn. (それどころかスペイン語は世界で最もやさしい言語のひとつだ)	

☐ **blow off** a piece of paper (紙切れを吹き飛ばす)	☐ A strong wind **blew** the papers **off** my desk. (強い風が私の机の上の紙を吹き飛ばした)	

		WEEK **3**
☐ cook for him **anytime** (いつでも彼のために料理する)	☐ He listens to rock music **anytime**. (彼はいつでもロックを聴いている)	

		WEEK **4**
☐ **help** her **with** the gardening (彼女の庭仕事を手伝う)	☐ My elder brother **helped** me **with** my homework. (兄は私の宿題を手伝ってくれた)	

☐ **seem to** have missed the bus (バスに乗り遅れたように思われる)	☐ Yumiko **seems to** be sick. (ユミコは病気のように見える)
☐ **First of all**, I would like to do ~ (何よりもまず、私は~したい)	☐ **First of all**, you need to clean your room. (何よりもまず、あなたは部屋をそうじする必要がある)
☐ **smile at** my friend (友達を見てにっこり笑う)	☐ The baby **smiled at** her mother. (その赤ん坊は母親を見てにっこり笑った)

Day 18 🎧 52
Quick Review
答えは左ページ下

☐ too ~ to do
☐ as ~ as A can
☐ wash away A
☐ in an emergency

☐ these days
☐ in peace
☐ take away A
☐ for some time

☐ in return
☐ in the end
☐ one after another
☐ run into A

☐ take part in A
☐ throw away A
☐ at the end of A
☐ hear of A

Day 20

★★★☆
2nd / 3rd GRADE ②

Check 1　　Chants 🎧 58

96 - 97

☐ 305
for a while
▶

しばらく、少しの間
▶

☐ 306
at the table
▶

食卓について、食事中で
▶

☐ 307
agree to A
▶

A（提案・計画など）に同意する
▶

☐ 308
hold on to A
▶

Aをしっかり持つ
▶

☐ 309
stay in
▶

家にいる、外出しない
▶

☐ 310
communicate with A
▶

Aと連絡を取り合う
▶

☐ 311
not as ～ as A
▶

Aほど～でない
▶

☐ 312
ask about A
▶

Aについてたずねる
▶

to be continued
▼

今日でWEEK 3もおしまい。WEEK REVIEWで
どれぐらい覚えたか確認しよう。Quick
Reviewも活用してね。

□ 聞くだけモード　Check 1
□ しっかりモード　Check 1 ▸ 2
□ かんぺきモード　Check 1 ▸ 2 ▸ 3

1st / 2nd GRADE

WEEK 1

2nd / 3rd GRADE ①

WEEK 2

2nd / 3rd GRADE ②

WEEK 3

4th GRADE

WEEK 4

Check 2　Phrases 🎧 59

Check 3　Sentences 🎧 60

□ wait **for a while**（しばらく待つ）
▸ □ I fell asleep **for a while** in class.（私は授業中にしばらく居眠りした）

□ sit **at the table**（食卓につく）
▸ □ She was **at the table** when her sister came in.（妹が入ってきたとき、彼女は食卓についていた）

□ **agree to** your plan（あなたの計画に同意する）
▸ □ I can't **agree to** your new idea.（私はあなたの新しい案に同意することはできない）

□ **hold on to** a branch（枝をしっかり持つ）
▸ □ You should **hold on to** my arm. It's windy.（私の腕につかまるべきだよ。風が強いよ）

□ **stay in** today（今日は家にいる）
▸ □ It's snowing outside, so I will **stay in**.（外は雪が降っているから、私は家にいる）

□ **communicate with** the teacher（その先生と連絡を取り合う）
▸ □ My parents often **communicate with** the teacher by email.（私の両親はよくEメールで先生と連絡を取り合う）

□ **not as** thick **as** this dictionary（この辞書ほど厚くない）
▸ □ My elder brother is **not as** tall **as** me.（私の兄は私ほど背が高くない）

□ **ask about** her（彼女についてたずねる）
▸ □ May I **ask about** your medical history?（あなたの病歴についてたずねてもいいですか）

to be continued ▼

Check 1　　Chants 🎧 58

□ 313
across from A
▸

Aの向かいに
▸

□ 314
each of A
▸

Aのそれぞれ
▸

□ 315
get ready
▸

用意をする
▸

□ 316
belong to A

❶ **Aのものである**
❷ **Aに属する**
▸

➕ 進行形では用いないので注意

□ 317
sometime later
▸

しばらくして
▸

□ 318
take medicine
▸

薬を飲む
▸

□ 319
neither A nor B
▸

AもBもどちらも～ない
▸

□ 320
all around A
▸

Aの辺り一帯に、Aのいたる所に
▸

Day 19 🎧 55
Quick Review
答えは右ページ下

- ☐ 電話に出る
- ☐ 売り切れた
- ☐ A歳の時に
- ☐ Aの周りを回る
- ☐ Aで楽しく遊ぶ
- ☐ ちょうどそのとき
- ☐ ～ばかりでなく…も
- ☐ たとえ～でも
- ☐ Aの世話をする
- ☐ それどころか
- ☐ Aを吹き飛ばす
- ☐ いつでも
- ☐ AのBを手伝う
- ☐ ～するように思われる
- ☐ 何よりも
- ☐ Aを見てにっこり笑う

	1st / 2nd GRADE
	WEEK 1
	2nd / 3rd GRADE ①
	WEEK 2
	2nd / 3rd GRADE ②
	WEEK 3
	4th GRADE
	WEEK 4

Check 2　Phrases 🎧 59

☐ a store **across from** the station （駅の向かいにある店）

☐ **each of** the students （生徒のそれぞれ）

☐ **get ready** to take exams （試験を受ける用意をする）

☐ **belong to** a volleyball club （バレーボールクラブに所属する）

☐ come back **sometime later** （しばらくしてから戻る）

☐ forget to **take medicine** （薬を飲むことを忘れる）

☐ eat **neither** meat **nor** fish （肉も魚もどちらも食べない）

☐ see flowers **all around** the garden （庭の辺り一帯に花が見える）

Check 3　Sentences 🎧 60

☐ Wait for me at the bookstore **across from** the supermarket. （スーパーの向かいにある書店で私を待っていて）

☐ **Each of** the countries in Europe has its own culture. （ヨーロッパの国のそれぞれが独自の文化を持っている）

☐ I **got ready** for my trip to Izu. （私は伊豆への旅のために用意をした）

☐ The bicycle **belongs to** Tim. （その自転車はティムのものである）

☐ Let's go out to eat **sometime later**. （しばらくしたら外に食事に行こう）

☐ I don't like to **take medicine**. （薬を飲むのは好きじゃない）

☐ **Neither** Ken **nor** Yumi is staying at home tonight. （今夜はケンもユミもどちらも家にいない）

☐ Children are playing happily **all around** the park. （子どもたちは公園の辺り一帯で楽しそうに遊んでいる）

Day 19 🎧 55
Quick Review
答えは左ページ下

☐ answer the telephone	☐ have fun with A	☐ look after A	☐ help A with B
☐ be sold out	☐ just then	☐ in fact	☐ seem to do
☐ at the age of A	☐ not only ~ but also ...	☐ blow off A	☐ first of all
☐ go around A	☐ even if ~	☐ anytime	☐ smile at A

WEEK 3 REVIEW

この週のまとめとして、練習問題にチャレンジ。チェックシートで答えを隠して、問題にどんどん答えていこう。間違えた問題はボックスをチェックし、ボックス下の見出し番号に戻ってもう一度復習しよう。

☐ My father <u>works</u> <u>for</u> a toy company.
257 （私の父はおもちゃ会社に勤めている）

☐ The new jacket cost <u>at</u> <u>least</u> 20,000 yen.
237 （その新しいジャケットは少なくとも2万円かかった）

☐ We should <u>fight</u> <u>against</u> global warming.
240 （私たちは地球温暖化と戦うべきだ）

☐ <u>These</u> <u>days</u>, I don't read many books.
277 （このごろ、私はあまり本を読んでいない）

☐ I am wearing <u>the</u> <u>same</u> sweater <u>as</u> my sister.
231 （私は妹と同じセーターを着ている）

☐ I couldn't go out <u>because</u> <u>of</u> the bad weather.
225 （悪天候のために、私は外出できなかった）

☐ I <u>took</u> <u>part</u> <u>in</u> the summer camp.
285 （私はそのサマーキャンプに参加した）

☐ The school will close <u>in</u> <u>an</u> <u>emergency</u>.
276 （緊急の場合には学校は閉鎖されるだろう）

☐ Tom and Kate <u>got</u> <u>married</u>.
268 （トムとケイトは結婚した）

☐ The baby is sleeping <u>in</u> <u>peace</u>.
278 （赤ちゃんが安心して眠っている）

1st / 2nd GRADE

WEEK 1

2nd / 3rd GRADE ①

WEEK 2

2nd / 3rd GRADE ②

WEEK 3

4th GRADE

WEEK 4

☐ 274 Macy finished her homework as quickly as she could .

（メイシーはできるだけ素早く宿題を済ませた）

☐ 242 No one could answer the question.

（誰もその質問に答えられなかった）

☐ 283 The horses came one after another .

（馬が次々にやってきた）

☐ 311 My elder brother is not as tall as me.

（私の兄は私ほど背が高くない）

☐ 297 She looks after two little kids.

（彼女は 2 人の小さな子どもの世話をする）

☐ 255 Things will get better day by day .

（物事は一日ごとに良くなるだろう）

☐ 241 She lay down on the bed.

（彼女はベッドに横たわった）

☐ 305 I fell asleep for a while in class.

（私は授業中にしばらく居眠りした）

☐ 265 Everyone wanted to shake hands with the singer.

（誰もがその歌手と握手したがった）

☐ 252 My sister is eating snacks all the time .

（私の妹は四六時中お菓子を食べている）

☐ 296 We will have a sports day even if it rains.

（たとえ雨が降っても、体育祭は行われるだろう）

☐ 303 **First of all**, you need to clean your room.
（何よりもまず、あなたは部屋をそうじする必要がある）

☐ 294 I was thinking about her, and **just then**, she called me.
（私は彼女のことを考えていた。ちょうどそのとき、彼女から電話がかかってきた）

☐ 236 I **grew up** in this town.
（私はこの町で成長した）

☐ 273 She was **too shy to** make a speech.
（彼女は演説するには内気すぎた）

☐ 281 I will give you this book **in return** for your help.
（助けてくれたお返しにあなたにこの本をあげよう）

☐ 267 They are classmates and, **at the same time**, good friends.
（彼らはクラスメートで、それと同時に良い友達だ）

☐ 251 This curtain is thick **enough to** shut out the sunlight.
（このカーテンは、日光をさえぎるに足りるほど厚い）

☐ 289 Why didn't you **answer the telephone** last night?
（なぜ昨夜電話に出なかったのですか）

☐ 233 I couldn't go to the party **after all**.
（私は結局のところパーティーへ行けなかった）

4th GRADE
(高校入試レベル)

WEEK 4

今週が最後のWEEKです。よくがんばりましたね。ここまででかなりの数の熟語が頭に入っていることでしょう。今週は高校入試レベルに挑戦です。ラストスパートですよ。

1st / 2nd GRADE

WEEK 1

2nd / 3rd GRADE ①

WEEK 2

2nd / 3rd GRADE ②

WEEK 3

4th GRADE

WEEK 4

英語でコレ言える？
Can you say this in English?
( ) に入る語が分かるかな？
▼

気楽にしてリラックスしろよ。
万事大丈夫だからさ。

( ) ( ) ( ) and relax.
Everything will be OK.

▼
答えは Day 26 でチェック！

Check 1 Chants 🎧 61

□ 321 be **impressed** with A	**A に感銘を受けて**
□ 322 **all the way**	❶ **遠路はるばる** ❷ **途中ずっと**
□ 323 **promise to** do [promise not to do]	**～すると** [～しないと] **約束する**
□ 324 **remind** A **of** B	**A（人）にBを思い出させる**
□ 325 **thanks to** A	**A のおかげで**
□ 326 **call back** A [call A back]	**A に電話を折り返す**
□ 327 **used to** do	**～したものだ**
□ 328 **come off**	（色や部品などが）**落ちる、取れる**

to be continued
▼

さあ、最後のWEEKだよ。ここまで本当にお疲れさまでした。ここからは高校入試レベルの英熟語を覚えていこう。

☐ 聞くだけモード　Check 1
☐ しっかりモード　Check 1 ▸ 2
☐ かんぺきモード　Check 1 ▸ 2 ▸ 3

1st / 2nd
GRADE

WEEK
1

2nd / 3rd
GRADE
①

WEEK
2

2nd / 3rd
GRADE
②

WEEK
3

4th
GRADE

WEEK
4

Check 2　Phrases 🎧 62

Check 3　Sentences 🎧 63

☐ be **impressed with** her speech（彼女の演説に感銘を受ける）

▶

☐ I was **impressed with** this movie.（私はこの映画に感銘を受けた）

☐ go **all the way** to her house（遠路はるばる彼女の家に行く）

▶

☐ Thank you for coming **all the way** here.（遠路はるばるここまでいらしてくれてありがとうございます）

☐ **promise to** keep the secret（秘密を守ると約束する）

▶

☐ He **promised** not **to** open the present now.（彼はプレゼントを今開かないと約束した）

☐ **remind** me **of** my mother（私に私の母を思い出させる）

▶

☐ His voice **reminds** me **of** a famous singer's.（彼の声は私に有名な歌手の声を思い出させる）

☐ **thanks to** you（あなたのおかげで）

▶

☐ **Thanks to** the good weather, we were able to have a picnic.（良い天気のおかげで、私たちはピクニックをすることができた）

☐ **call** you **back** later（後ほどあなたに電話を折り返す）

▶

☐ Can you **call** the teacher **back** when you have time?（あなたの時間があるときに先生に電話を折り返すことができますか）

☐ **used to** play tennis（かつてはテニスをしたものだ）

▶

☐ I **used to** take my dog for a walk.（私は犬の散歩に出かけたものだ）

☐ The paint **came off**.（ペンキが落ちた）

▶

☐ The buttons on my coat **come off** easily.（私のコートのボタンは簡単に取れる）

to be continued
▼

Check 1　Chants 🎧 61

□ 329
become of A
（what, whatever を主語として）**A はどうなるのか**

□ 330
come on
❶ さあ来なさい、さあ
❷ 急げ

□ 331
thousands of A
何千もの A

□ 332
suffer from A
A に苦しむ

□ 333
judge A **by** B
A を B で判断する

□ 334
share A **with** B
A を B と共有する

□ 335
lead to A
A につながる、A を引き起こす

□ 336
from now on
今後は

□ しばらく
□ 食卓について
□ A に同意する
□ A をしっかり持つ
□ 家にいる
□ A と連絡を取り合う
□ A ほど〜でない
□ A についてたずねる
□ A の向かいに
□ A のそれぞれ
□ 用意をする
□ A に属する
□ しばらくして
□ 薬を飲む
□ A も B もどちらも〜ない
□ A の辺り一帯に

1st / 2nd
GRADE

WEEK
1

2nd / 3rd
GRADE
①

WEEK
2

2nd / 3rd
GRADE
②

WEEK
3

4th
GRADE

WEEK
4

Check 2　Phrases 🎧 62

☐ What will **become of** you? (あなたはどうなるのか)

☐ **"Come on**!" he shouted. (「さあ来なさい!」と彼は叫んだ)

☐ **thousands of** insects (何千匹もの虫)

☐ **suffer from** stress (ストレスに苦しむ)

☐ **judge** people **by** appearances (人を外見で判断する)

☐ **share** a bicycle **with** my brother (自転車を兄と共有する)

☐ **lead to** death (死につながる)

☐ **From now on**, you cannot use your smartphone at school. (今後は学校でスマートフォンを使うことはできません)

Check 3　Sentences 🎧 63

☐ What will **become of** his dream for the future? (彼の将来の夢はどうなるのか)

☐ **"Come on**! Tell me the truth," she said. (「さあ! 事実を話して」と彼女は言った)

☐ **Thousands of** people gathered to listen to his speech. (彼の演説を聴くために何千人もの人々が集まった)

☐ Johnny was **suffering from** a fever last night. (ジョニーは昨夜、熱に苦しんでいた)

☐ You should not **judge** others **by** their clothes. (他人を衣服で判断してはいけない)

☐ I **shared** the cake **with** my sister. (私はケーキを妹と分かちあった)

☐ A bad cold sometimes **leads to** a serious disease. (ひどいかぜは時には深刻な病気をもたらすことがある)

☐ **From now on**, I'm going to study in the morning at home. (今後は家で朝、勉強するつもりだ)

Day 20 🎧 58
Quick Review
答えは左ページ下

☐ for a while
☐ at the table
☐ agree to A
☐ hold on to A

☐ stay in
☐ communicate with A
☐ not as ～ as A
☐ ask about A

☐ across from A
☐ each of A
☐ get ready
☐ belong to A

☐ sometime later
☐ take medicine
☐ neither A nor B
☐ all around A

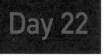

Day 22 ★★★★
4th GRADE

Check 1　Chants 🎧 64

□ 337
instead of A

Aの代わりに

□ 338
be **determined to** do

～することを決心している

□ 339
go on a trip

旅行する

□ 340
pass away

亡くなる、他界する

□ 341
after a while

しばらくして

□ 342
there is no telling ～

～ということは分からない

□ 343
call for A

Aを求める、Aを必要とする

□ 344
be **used to** doing

～することに慣れている

➕ used to do「～したものだ」と混同しないように注意

to be continued ▼

今日出てくる be used to doing は、used to do とは意味が違うので要注意だよ。間違えやすいから、しっかり覚えよう。

□ 聞くだけモード　Check 1
□ しっかりモード　Check 1 ▶ 2
□ かんぺきモード　Check 1 ▶ 2 ▶ 3

1st / 2nd GRADE

WEEK
1

2nd / 3rd GRADE ①

WEEK
2

2nd / 3rd GRADE ②

WEEK
3

4th GRADE

WEEK
4

Check 2　Phrases 🎧 65

□ eat fruit **instead of** cake
（ケーキの代わりにフルーツを食べる）

□ be **determined to** call her（彼女に電話することを決心している）

□ **go on a trip** to Egypt（エジプトへ旅行する）

□ **pass away** at the age of 70（70歳で亡くなる）

□ wake up **after a while**（しばらくして目を覚ます）

□ **there is no telling** where he went（彼がどこに行ったのかということは分からない）

□ **call for** your help（あなたの助けを必要とする）

□ be **used to** studying for exams（試験のために勉強することに慣れている）

Check 3　Sentences 🎧 66

□ Steve went to Shibuya **instead of** Shinjuku.（スティーブは新宿の代わりに渋谷へ行った）

□ I am **determined to** tell my friend the truth.（私は友達に本当のことを話す決心をしている）

□ My family will **go on a trip** abroad next month.（私の家族は来月、海外へ旅行する予定だ）

□ My aunt **passed away** when I was 12.（私のおばは私が12歳のときに亡くなった）

□ **After a while**, the students left for home.（しばらくして、生徒たちは帰途についた）

□ **There is no telling** where it is from.（それがどこから来たのかということは分からない）

□ When I had an accident, I **called for** help.（事故に遭ったとき、私は助けを求めた）

□ I am **used to** waking up early.（私は早く起きることに慣れている）

to be continued
▼

Check 1　Chants 🎧 64

□ 345
give A a call
► 　Aに電話をかける

□ 346
learn to do
► ❶〜することを習得する
❷努力して〜できるようになる

□ 347
do a good job
► 　うまくやりとげる

□ 348
for now
► 　差し当たり、当分は

□ 349
tell A from B
► 　AとBを見分ける、AとBを識別する

□ 350
Let me see.
► ❶ええと。
❷ (Let me see A. で) Aを見せて。

□ 351
as usual
► 　いつものとおりに

□ 352
be **similar to** A
► 　Aと似ている

Day 21 🎧 61
Quick Review
答えは右ページ下

□Aに感銘を受けて　□Aのおかげで　□Aはどうなるのか　□AをBで判断する
□遠路はるばる　　□Aに電話を折り返す　□さあ来なさい　　□AをBと共有する
□〜すると約束する　□〜したものだ　　　□何千ものA　　　□Aにつながる
□AにBを思い出させる　□落ちる　　　　　□Aに苦しむ　　　□今後は

Check 2　Phrases 🎧 65

□ **give** me **a call** (私に電話をかける)

□ **learn to** play the piano (ピアノを弾くことを習得する)

□ **do a good job** on the exams (試験をうまくやりとげる)

□ Goodbye **for now**. (それではさようなら)

□ **tell** right **from** wrong (正しいことと間違ったことを見分ける)

□ **Let me see**. It's 5 o'clock. (ええと。5時です)

□ be busy **as usual** (いつものとおりに忙しい)

□ be **similar to** my mother (母と似ている)

Check 3　Sentences 🎧 66

□ I **gave** her **a call** and said I couldn't go. (私は彼女に電話をかけて、行けないと言った)

□ Masako **learned to** speak English fluently. (マサコは英語を流ちょうに話すことを習得した)

□ I hope you **do a good job** on the exam. (あなたが試験をうまくやりとげることを祈ってるよ)

□ I have no questions **for now**. (差し当たっては何も質問はありません)

□ They can't **tell** Tom **from** his twin brother. (彼らはトムと双子の兄を見分けられない)

□ **Let me see**. Where did I put the ticket? (ええと。チケットをどこに置いたんだっけ)

□ He was working hard **as usual**. (彼はいつものとおりに熱心に働いていた)

□ Her song is **similar to** this song. (彼女の歌はこの歌と似ている)

1st / 2nd GRADE

WEEK 1

2nd / 3rd GRADE ①

WEEK 2

2nd / 3rd GRADE ②

WEEK 3

4th GRADE

WEEK 4

Day 21 🎧 61
Quick Review
答えは左ページ下

□ be impressed with A
□ all the way
□ promise to do
□ remind A of B

□ thanks to A
□ call back A
□ used to do
□ come off

□ become of A
□ come on
□ thousands of A
□ suffer from A

□ judge A by B
□ share A with B
□ lead to A
□ from now on

Check 1　Chants 🎧 67

□ 353
believe in A
　A（の価値や正しさなど）**を信じる**

□ 354
bring in A
[bring A in]
❶A**をもたらす**
❷A**を**（中に）**持ち込む**

□ 355
～ and so on
　～など

□ 356
come over (to A)
　（Aに）**やって来る**

□ 357
day after day
　来る日も来る日も

□ 358
every other day
　1日おきに

□ 359
in danger of A
　A**の危険があって**

□ 360
**in the middle
of** A
❶A**の最中に**
❷A**の真ん中に**
❸A**の中ごろに**

to be continued ▼

～ and so onなど、熟語として覚えにくい語は、フレーズやセンテンスで覚えておくと頭に残りやすいよ。

☐ 聞くだけモード　Check 1
☐ しっかりモード　Check 1 ▶ 2
☐ かんぺきモード　Check 1 ▶ 2 ▶ 3

1st / 2nd GRADE

WEEK
1

2nd / 3rd GRADE ①

WEEK
2

2nd / 3rd GRADE ②

WEEK
3

4th GRADE

WEEK
4

Check 2　Phrases 🎧 68

Check 3　Sentences 🎧 69

☐ **believe in** Santa Claus (サンタクロースを信じる)	☐ Ken and Cathy **believe in** each other. (ケンとキャシーはお互いを信じている)
☐ **bring in** \$100 (100ドルをもたらす)	☐ The west wind **brought in** a heavy rain. (西からの風が大雨をもたらした)
☐ apples, pears **and so on** (リンゴ、ナシなど)	☐ I enjoy playing ball sports like soccer, basketball **and so on**. (私はサッカーやバスケットボールなどの球技をするのを楽しむ)
☐ **come over** to Tokyo (東京にやって来る)	☐ Will you **come over** to our house this weekend? (この週末に私の家に来てくれますか)
☐ practice the guitar **day after day** (来る日も来る日もギターを練習する)	☐ I studied English **day after day**. (私は来る日も来る日も英語を勉強した)
☐ take a shower **every other day** (1日おきにシャワーを浴びる)	☐ I water the flowers **every other day**. (私は1日おきに花に水をやる)
☐ be **in danger of** catching the flu (インフルエンザにかかる危険がある)	☐ That wild animal is **in danger of** dying. (あの野生動物は死の危険にさらされている)
☐ be **in the middle of** a meeting (打ち合わせの最中だ)	☐ I got a phone call **in the middle of** dinner. (夕食の最中に電話がかかってきた)

to be continued
▼

Check 1　　Chants 🎧 67

□ 361
lose A's **way**　　▶

道に迷う　　▶

□ 362
on the other hand　　▶

他方では　　▶

□ 363
over and over　　▶

何度もくり返して　　▶

□ 364
pay for A　　▶

Aの代金を支払う　　▶

□ 365
pull up　　▶

❶車を止める
❷ (pull up Aで) **Aを引き寄せる**　　▶

□ 366
strange to say　　▶

おかしな話だが　　▶

□ 367
be **proud of** A　　▶

Aを自慢に思う　　▶

□ 368
take place　　▶

行われる　　▶

Day 22 🎧 64
Quick Review
答えは右ページ下

□ Aの代わりに
□ ～することを決心している
□ 旅行する
□ 亡くなる
□ しばらくして
□ ～ということは分からない
□ Aを求める
□ ～することに慣れている
□ Aに電話をかける
□ ～することを習得する
□ うまくやりとげる
□ 差し当たり
□ AとBを見分ける
□ ええと。
□ いつものとおりに
□ Aと似ている

1st / 2nd
GRADE

WEEK
1

2nd / 3rd
GRADE
①

WEEK
2

2nd / 3rd
GRADE
②

WEEK
3

4th
GRADE

WEEK
4

Check 2　Phrases 🎧 68

☐ **lose** my **way** to the hospital（病院への道に迷う）

☐ **on the other hand**, his brother ～（他方では、彼の兄が～）

☐ try **over and over**（何度も何度も努力する）

☐ **pay for** textbooks（教科書の支払いをする）

☐ **pull up** next to the door（ドアに横づけして車を止める）

☐ **Strange to say**, the baby is not afraid of water.（おかしな話だがその赤ちゃんは水を怖がらない）

☐ be **proud of** my son（息子を自慢に思う）

☐ A festival **took place**.（お祭りが行われた）

Check 3　Sentences 🎧 69

▶ ☐ I **lost** my **way** and asked someone for help.（私は道に迷って人に助けを求めた）

▶ ☐ **On the other hand**, many students like communicating in English.（他方では、多くの生徒が英語でコミュニケーションをすることが好きである）

▶ ☐ Mary tried to speak Spanish **over and over**.（メアリーは何度も何度もスペイン語を話そうとした）

▶ ☐ How much did he **pay for** the sofa?（彼はそのソファーにいくら支払いましたか）

▶ ☐ She **pulled up** in front of the school.（彼女は学校の前で車を止めた）

▶ ☐ **Strange to say**, I heard my dead uncle's voice.（おかしな話だが、私は亡くなったおじの声を聞いた）

▶ ☐ All of us are **proud of** our school.（私たちは皆、自分たちの学校を自慢に思っている）

▶ ☐ That event will **take place** on November 11.（11月11日にあのイベントが行われる）

Day 22 🎧 64
Quick Review
答えは左ページ下

☐ instead of A
☐ be determined to do
☐ go on a trip
☐ pass away

☐ after a while
☐ there is no telling ～
☐ call for A
☐ be used to doing

☐ give A a call
☐ learn to do
☐ do a good job
☐ for now

☐ tell A from B
☐ Let me see.
☐ as usual
☐ be similar to A

Check 1   Chants 🎧 70

☐ 369
have a chance to do
~する機会がある

☐ 370
under the age of A
A歳未満

☐ 371
begin with A
Aから始める、Aから始まる

☐ 372
What happened to A?
Aに何があったの。

☐ 373
a variety of A
種類豊富なA、いろいろなA

☐ 374
mean to do
~すると心に決める [決めている]、**~する つもりだ**

☐ 375
anything but ～
決して~ではない、~どころではない

☐ 376
hang up
電話を切る

to be continued
▼

anything but 〜やdo nothing but doなど、いろいろな否定の表現があるよ。ややこしいけどガンバロウ。

□ 聞くだけモード　Check 1
□ しっかりモード　Check 1 ▶ 2
□ かんぺきモード　Check 1 ▶ 2 ▶ 3

1st / 2nd
GRADE

WEEK
1

2nd / 3rd
GRADE
①

WEEK
2

2nd / 3rd
GRADE
②

WEEK
3

4th
GRADE

WEEK
4

Check 2　Phrases 🎧 71

□ **have a chance to** play (演奏する機会がある)

□ **under the age of** 15 (15歳未満)

□ **begin with** a meeting (打ち合わせから始める)

□ **What happened to** you? (あなたに何があったの)

□ **a variety of** vegetables (種類豊富な野菜)

□ **mean to** study hard (一生懸命勉強すると心に決める)

□ He is **anything but** smart. (彼は決して賢くない)

□ Don't **hang up**! (電話を切らないで!)

Check 3　Sentences 🎧 72

□ I want to **have a chance to talk to her.** (彼女に話しかける機会があるといいなと思う)

□ They do not sell alcohol to anyone **under the age of** 20. (20歳未満の人には彼らはお酒を売らない)

□ The English lesson **began with** an easy conversation. (その英語のレッスンはやさしい会話から始まった)

□ "**What happened to** your grandfather?" "He died yesterday." (「あなたのおじいさんに何があったの」「昨日亡くなったんだ」)

□ You can choose **a variety of** chocolate from the basket. (かごの中から種類豊富なチョコレートを選ぶことができます)

□ I **mean to** become a doctor in the future. (私は将来医者になると心に決めている)

□ His answer was **anything but** surprising. (彼の答えは決して驚くものではなかった)

□ I don't want to **hang up**, but I have to call someone now. (電話を切りたくはないのだけど、人に電話をかけないといけないんだ)

to be continued
▼

Check 1   Chants 🎧 70

□ 377
be **sure** (that) 〜
　　　　　　　　▶
〜を確信して
　　　　　　　　▶

□ 378
break into A
　　　　　　　　▶
Aに押し入る
　　　　　　　　▶

□ 379
by far
　　　　　　　　▶
ずばぬけて、はるかに
　　　　　　　　▶

□ 380
come of A
　　　　　　　　▶
Aから生じる、Aに起因する
　　　　　　　　▶

□ 381
have no idea
　　　　　　　　▶
まったく分からない
　　　　　　　　▶

□ 382
day and night
　　　　　　　　▶
昼も夜も
　　　　　　　　▶

□ 383
agree with A
　　　　　　　　▶
A（人）に同意する

➊ agree to Aは「A（提案・計画など）に同意する」という意味

□ 384
**do nothing
but** do
　　　　　　　　▶
〜するばかりである
　　　　　　　　▶

□ Aを信じる	□ 来る日も来る日も	□ 道に迷う	□ 車を止める
□ Aをもたらす	□ 一日おきに	□ 他方では	□ おかしな話だが
□ 〜など	□ Aの危険があって	□ 何度もくり返して	□ Aを自慢に思う
□ やって来る	□ Aの最中に	□ Aの代金を支払う	□ 行われる

1st/2nd
GRADE

WEEK
1

2nd/3rd
GRADE
①

WEEK
2

2nd/3rd
GRADE
②

WEEK
3

4th
GRADE

WEEK
4

Check 2   Phrases 🎧 71

□ **be sure** (that) it is true
（それが本当だと確信して）

□ **break into** the shop（その店に押し入る）

□ **by far** the tallest in his class（彼のクラスでずばぬけて背が高い）

□ **come of** my experience
（私の体験から生じる）

□ **have no idea** what you mean（あなたの意味することがまったく分からない）

□ work **day and night**（昼も夜も働く）

□ **agree with** you（あなたに同意する）

□ **do nothing but** listen to her story（彼女の話を聞くばかりだ）

Check 3   Sentences 🎧 72

□ I'm **sure** (that) he will enjoy the concert.（私は、彼がそのコンサートを楽しむだろうと確信している）

□ A burglar **broke into** my house and stole some money.（泥棒が私の家に押し入って、お金を盗んだ）

□ This is **by far** the best novel I've ever read.（これは私が今まで読んだ中でずばぬけて良い小説だ）

□ What **came of** the meeting we had yesterday?（昨日の打ち合わせから、何が生じましたか）

□ I **have no idea** when the next train is.（次の電車がいつ来るか、私にはまったく分からない）

□ I studied **day and night** for a week before the exam.（私は試験前の一週間、昼も夜も勉強した）

□ I totally **agree with** him on that point.（その点に関して、私は彼に全面的に同意する）

□ My dog **does nothing but** sleep all day long.（私の犬は一日中眠ってばかりだ）

Day 23 🎧 67
Quick Review
答えは左ページ下

□ believe in A
□ bring in A
□ ~ and so on
□ come over

□ day after day
□ every other day
□ in danger of A
□ in the middle of A

□ lose A's way
□ on the other hand
□ over and over
□ pay for A

□ pull up
□ strange to say
□ be proud of A
□ take place

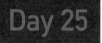

Day 25

★★★★
4th GRADE

Check 1　Chants 🎧 73

□ 385
draw the attention of A

A の注意を引く、A の注目を集める

➕ draw は「〜を引く」という意味

□ 386
fail to do

〜しそこなう、〜しない

□ 387
leave A **behind**

A を残して去る

□ 388
feel like doing

〜したい気がする

□ 389
for the first time in 〜

〜ぶりに

➕ for the first time は「初めて」

□ 390
work on A

A に取り組む

□ 391
in need

困っている

□ 392
spend A **on** B

A（お金・資源など）を B に使う

➕ 活用は spent-spent

to be continued ▼

1st / 2nd GRADE

WEEK
1

2nd / 3rd GRADE
①

WEEK
2

2nd / 3rd GRADE
②

WEEK
3

4th GRADE

WEEK
4

あと2日でWEEK 4もおしまいだよ。高校入試レベルは手ごわい熟語が結構あったかな？あとひと息、一緒にがんばろう。

☐ 聞くだけモード　Check 1
☐ しっかりモード　Check 1 ▶ 2
☐ かんぺきモード　Check 1 ▶ 2 ▶ 3

Check 2　Phrases 🎧 74

☐ **draw the attention of** people（人々の注意を引く）

☐ **fail to** answer the question（質問に答えそこなう）

☐ Don't **leave** me **behind**.（私を置いていかないで）

☐ **feel like** tasting the soup（そのスープを味見したい気がする）

☐ **for the first time in** two weeks（2週間ぶりに）

☐ **work on** an oil painting（油絵に取り組む）

☐ people **in need**（困っている人々）

☐ **spend** the bonus **on** dresses（ボーナスをドレスに使う）

Check 3　Sentences 🎧 75

☐ Her painting **drew the attention of** many people.（彼女の絵は多くの人々の注目を集めた）

☐ My friend **failed to** come to the party last Saturday.（私の友達は先週の土曜日のパーティーに来そびれた）

☐ My friend's father **left** his family **behind** in Japan.（友達の父は家族を日本に残して行った）

☐ I **feel like** singing when the weather is nice.（天気がいいとき、私は歌いたい気分になる）

☐ Andy and Kate met again **for the first time in** three months.（アンディとケイトは3カ月ぶりに再会した）

☐ He is **working on** a problem in science class.（彼は理科の授業で問題に取り組んでいる）

☐ We should help people **in need**.（私たちは困っている人々の手助けをするべきだ）

☐ I **spent** most of my money **on** books.（私は自分のお金のほとんどを本に使った）

to be continued ▼

Check 1　　Chants 🎧 73

☐ 393
in A's life　▸
Aの一生のうちで

☐ 394
introduce A to B　▸
AをBに紹介する

☐ 395
come true　▸
実現する、本当になる

☐ 396
make A do　▸
Aを〜させる

☐ 397
Help yourself.　▸
ご自由にどうぞ。

☐ 398
millions of A　▸
何百万ものA

☐ 399
more and more 〜　▸
ますます多くの〜

☐ 400
have nothing to do with A　▸
Aとは何の関係もない

Day 24 🎧 70
Quick Review
答えは右ページ下

☐ 〜する機会がある
☐ A歳未満
☐ Aから始める
☐ Aに何があったの。

☐ 種類豊富なA
☐ 〜すると心に決める
☐ 決して〜ではない
☐ 電話を切る

☐ 〜を確信して
☐ Aに押し入る
☐ ずばぬけて
☐ Aから生じる

☐ まったく分からない
☐ 昼も夜も
☐ Aに同意する
☐ 〜するばかりである

1st / 2nd GRADE

WEEK
1

2nd / 3rd GRADE
①

WEEK
2

2nd / 3rd GRADE
②

WEEK
3

4th GRADE

WEEK
4

Check 2　Phrases 🎧 74

□ **have** never **been** so sad **in** my **life** (生まれてこのかたこんなに悲しかったことはない)

□ **introduce** my friend **to** my parents (私の友人を両親に紹介する)

□ My dream has **come true**. (私の夢が実現した)

□ **make** me wait (私を待たせる)

□ She said, "**Help yourself**." (彼女は「ご自由にどうぞ」と言った)

□ **millions of** stars (何百万もの星)

□ **more and more** students from overseas (ますます多くの留学生)

□ **have nothing to do with** her (彼女とは何の関係もない)

Check 3　Sentences 🎧 75

□ I have never seen a ghost **in** my **life**. (私は生まれてこのかた、一度も幽霊 [ゆうれい] を見たことがない)

□ Let me **introduce** Karen **to** you. (カレンをあなたに紹介させてください)

□ Your dream to become a teacher will **come true**. (教師になりたいというあなたの夢は、実現するだろう)

□ His last words **made** me feel very sad. (彼の最後の言葉は私をとても悲しく感じさせた)

□ The host of the party said, "**Help yourself**." (パーティーの主人は「ご自由にどうぞ」と言った)

□ **Millions of** people were watching the TV show. (何百万もの人々がそのテレビ番組を見ていた)

□ **More and more** people visited the temple. (ますます多くの人々がその寺を訪れた)

□ He **had nothing to do with** the accident. (彼はこの事故とは何の関係もなかった)

Day 24 🎧 70
Quick Review
答えは左ページ下

□ have a chance to do
□ under the age of A
□ begin with A
□ What happened to A?

□ a variety of A
□ mean to do
□ anything but ～
□ hang up

□ be sure ～
□ break into A
□ by far
□ come of A

□ have no idea
□ day and night
□ agree with A
□ do nothing but do

Check 1　　Chants 🎧 76

□ 401
depend on A

❶**Aを当てにする**
❷**Aを信頼する**

□ 402
must never do

（決して）～してはならない

□ 403
take it easy

のんびりする、**気楽にやる**

□ 404
needless to say

言うまでもなく

□ 405
once upon a time

むかしむかし

□ 406
ought to do

～すべきだ

□ 407
live on A

❶**Aを常食とする**
❷**Aで生活を立てる**

□ 408
It's time for A **to** do.

Aが～するときだ。

to be continued
▼

ここまでお疲れさまでした。今日で全部の熟語がおしまいだよ。余裕がある人は、巻末のリーディングにも挑戦しよう。

□ 聞くだけモード　Check 1
□ しっかりモード　Check 1 ▸ 2
□ かんぺきモード　Check 1 ▸ 2 ▸ 3

1st / 2nd GRADE

WEEK 1

2nd / 3rd GRADE ①

WEEK 2

2nd / 3rd GRADE ②

WEEK 3

4th GRADE

WEEK 4

Check 2　Phrases 🎧 77

□ **depend on** my father（父親を当てにする）

□ **must never** forget this（これを決して忘れてはならない）

□ **take it easy** and have fun（のんびりして楽しむ）

□ **Needless to say**, the singer has a beautiful voice.（言うまでもなく、その歌手は美しい声を持っている）

□ **Once upon a time**, there was a prince.（むかしむかし、王子様がいました）

□ **ought to** bring an umbrella（かさを持っていくべきだ）

□ **live on** rice（米を常食とする）

□ **It's time for** me to start something new.（私が新しいことをするときだ）

Check 3　Sentences 🎧 78

□ We **depend on** Cathy to help us.（私たちはキャシーの手助けを当てにしている）

□ You **must never** leave your wallet on the bench.（決してベンチの上に財布を置きっぱなしにしてはならない）

□ "**Take it easy** and relax," Bob said.（「気楽にしてリラックスしろよ」とボブは言った）

□ **Needless to say**, this hospital is the largest around here.（言うまでもなく、この病院がこの辺りで一番大きい）

□ **Once upon a time**, there was an old man who lived in a small house.（むかしむかし、小さな家に年老いた男が住んでいました）

□ You **ought to** stay home tonight.（あなたは今夜家にいるべきだ）

□ Some people seem to **live on** bread.（ある人々はパンを常食としているように見える）

□ **It's time for** him **to give** his opinion.（彼が彼の意見を述べるときだ）

to be continued ▼

Check 1　　Chants 🎧 76

□ 409
see A doing

A が～しているのを見る

□ 410
hand in A

[hand A in]

A を提出する、A を手渡す

□ 411
be **worth** doing

～する価値がある

□ 412
so far

今までのところ、これまでは

□ 413
at a time

一度に、同時に

□ 414
so to speak

いわば

□ 415
turn down A

[turn A down]

A を拒む、A を却下する

□ 416
twice as long as A

A の2倍の長さだ

Day 25 🎧 73
Quick Review
答えは右ページ下

□ A の注意を引く
□ ～しそこなう
□ A を残して去る
□ ～したい気がする
□ ～ぶりに
□ A に取り組む
□ 困っている
□ A を B に使う
□ A の一生のうちで
□ A を B に紹介する
□ 実現する
□ A を～させる
□ ご自由にどうぞ。
□ 何百万もの A
□ ますます多くの～
□ A とは何の関係もない

Check 2　Phrases 🎧 77	Check 3　Sentences 🎧 78	1st/2nd GRADE
☐ **see** the man running（男が走っているのを見る）	☐ I **saw** my friend reading a magazine at the bookstore.（私は書店で友達が雑誌を読んでいるのを見た）	WEEK 1
☐ **hand in** the report（報告書を提出する）	☐ I forgot to **hand in** my homework today.（私は今日、宿題を提出するのを忘れた）	2nd/3rd GRADE ① WEEK 2
☐ This song is **worth** listening to.（この歌は聞く価値がある）	☐ This book is **worth** reading. You should read it.（この本は読む価値がある。君も読むべきだよ）	2nd/3rd GRADE ②
☐ **So far**, so good.（今までのところは順調だ）	☐ She has finished half of her homework **so far**.（今までのところ、彼女は宿題の半分を終えた）	WEEK 3
☐ do one thing **at a time**（一度に1つのことをする）	☐ He eats cookies two **at a time**.（彼はクッキーを2枚一度に食べる）	4th GRADE WEEK 4
☐ He is, **so to speak**, a walking dictionary.（彼はいわば生き字引だ）	☐ He is my accountant, **so to speak**.（彼はいわば私の会計士だ）	
☐ **turn down** my idea（私の考えを拒む）	☐ He **turned down** my suggestion.（彼は私の提案を却下した）	
☐ **twice as long as** that one（あれの2倍の長さだ）	☐ This bridge is **twice as long as** that one.（この橋はあの橋の2倍の長さだ）	

Day 25 🎧 73
Quick Review
答えは左ページ下

☐ draw the attention of A ☐ for the first time in ~ ☐ in A's life ☐ Help yourself.
☐ fail to do ☐ work on A ☐ introduce A to B ☐ millions of A
☐ leave A behind ☐ in need ☐ come true ☐ more and more ~
☐ feel like doing ☐ spend A on B ☐ make A do ☐ have nothing to do with A

WEEK 4 REVIEW

この週のまとめとして、練習問題にチャレンジ。チェックシートで答えを隠して、問題にどんどん答えていこう。間違えた問題はボックスをチェックし、ボックス下の見出し番号に戻ってもう一度復習しよう。

☐ Masako <u>learned</u> <u>to</u> speak English fluently.
346 （マサコは英語を流ちょうに話すことを習得した）

☐ I water the flowers <u>every</u> <u>other</u> <u>day</u>.
358 （私は1日おきに花に水をやる）

☐ This book is <u>worth</u> reading. You should read it.
411 （この本は読む価値がある。君も読むべきだよ）

☐ I want to <u>have</u> <u>a</u> <u>chance</u> <u>to</u> talk to her.
369 （彼女に話しかける機会があるといいなと思う）

☐ <u>Strange</u> <u>to</u> <u>say</u>, I heard my dead uncle's voice.
366 （おかしな話だが、私は亡くなったおじの声を聞いた）

☐ I studied English <u>day</u> <u>after</u> <u>day</u>.
357 （私は来る日も来る日も英語を勉強した）

☐ Mary tried to speak Spanish <u>over</u> <u>and</u> <u>over</u>.
363 （メアリーは何度も何度もスペイン語を話そうとした）

☐ <u>From</u> <u>now</u> <u>on</u>, I'm going to study in the morning at
336 home.
（今後は家で朝、勉強するつもりだ）

Day 26 🎧 76
Quick Review
答えは右ページ下

☐ Aを当てにする
☐ ～してはならない
☐ のんびりする
☐ 言うまでもなく

☐ むかしむかし
☐ ～すべきだ
☐ Aを常食とする
☐ Aが～するときだ。

☐ Aが～しているのを見る
☐ Aを提出する
☐ ～する価値がある
☐ 今までのところ

☐ 一度に
☐ いわば
☐ Aを拒む
☐ Aの2倍の長さだ

1st / 2nd
GRADE

WEEK
1

2nd / 3rd
GRADE
①

WEEK
2

2nd / 3rd
GRADE
②

WEEK
3

4th
GRADE

WEEK
4

□ 332 Johnny was _suffering_ _from_ a fever last night.
（ジョニーは昨夜、熱に苦しんでいた）

□ 327 I _used_ _to_ take my dog for a walk.
（私は犬の散歩に出かけたものだ）

□ 359 That wild animal is _in_ _danger_ _of_ dying.
（あの野生動物は死の危険にさらされている）

□ 324 His voice _reminds_ me _of_ a famous singer's.
（彼の声は私に有名な歌手の声を思い出させる）

□ 389 Andy and Kate met again _for_ _the_ _first_ _time_ _in_ three months.
（アンディとケイトは 3 カ月ぶりに再会した）

□ 344 I am _used_ _to_ waking up early.
（私は早く起きることに慣れている）

□ 331 _Thousands_ _of_ people gathered to listen to his speech.
（彼の演説を聴くために何千人もの人々が集まった）

□ 416 This bridge is _twice_ _as_ _long_ _as_ that one.
（この橋はあの橋の 2 倍の長さだ）

□ 337 Steve went to Shibuya _instead_ _of_ Shinjuku.
（スティーブは新宿の代わりに渋谷へ行った）

□ 375 His answer was _anything_ _but_ surprising.
（彼の答えは決して驚くものではなかった）

□ depend on A
□ must never do
□ take it easy
□ needless to say
□ once upon a time
□ ought to do
□ live on A
□ It's time for A to do.
□ see A doing
□ hand in A
□ be worth doing
□ so far
□ at a time
□ so to speak
□ turn down A
□ twice as long as A

□ 348 I have no questions _for_ _now_ .
（差し当たっては何も質問はありません）

□ 414 He is my accountant, _so_ _to_ _speak_ .
（彼はいわば私の会計士だ）

□ 353 Ken and Cathy _believe_ _in_ each other.
（ケンとキャシーはお互いを信じている）

□ 352 Her song is _similar_ _to_ this song.
（彼女の歌はこの歌と似ている）

□ 351 He was working hard _as_ _usual_ .
（彼はいつものとおりに熱心に働いていた）

□ 370 They do not sell alcohol to anyone _under_ _the_ _age_ _of_ 20.
（20歳未満の人には彼らはお酒を売らない）

□ 401 We _depend_ _on_ Cathy to help us.
（私たちはキャシーの手助けを当てにしている）

□ 341 _After_ _a_ _while_ , the students left for home.
（しばらくして、生徒たちは帰途についた）

□ 377 I'm _sure_ (that) he will enjoy the concert.
（私は、彼がそのコンサートを楽しむだろうと確信している）

□ 384 My dog _does_ _nothing_ _but_ sleep all day long.
（私の犬は一日中眠ってばかりだ）

□ 368 That event will _take_ _place_ on November 11.
（11月11日にあのイベントが行われる）

□ 367 All of us are _proud_ _of_ our school.
（私たちは皆、自分たちの学校を自慢に思っている）

まとめて覚えると身につきやすい！
テーマ別会話表現集

ここでは、中学で必須の会話表現をテーマ別にまとめています。どれだけ分かるかチェックしましょう。

① あいさつ

Nice to meet you.
お会いできてうれしいです

➕ 会話の最初に用いられる表現

My name is 〜.
私の名前は〜です

My name is Yuka Sato.（私の名前は佐藤由香です）

➕ My name is のかわりに I'm でもOK

This is 〜.
こちらは〜さんです

This is Yoshitaka Mukai.（こちらは向井義孝さんです）

➕ 人に誰かを紹介するときに使う

How are you?
元気ですか

➕ How are you doing? は「元気?」となり少しくだけた印象になる。答え方は I'm fine.（元気です）、Not so good.（あまり元気じゃありません）など

How's everything?
調子はどうですか

➕ 答え方は Good.（いいよ）、Not so good.（あまりよくないよ）など

Nice talking to you.
お話しできて楽しかったです

➕ 会話の最後に用いられる表現

See you again.
またね

➕ See you next week.（また来週）、See you later.（また後で）などの言い方もある

Take care.
お元気で。気をつけてね

➕「お大事に」という意味もある

---

② 勧誘・依頼する

Let's 〜. (一緒に)〜しましょう	Let's go fishing this weekend. (今週末、釣りに行きましょう) ➕ 答え方は、Sure. (もちろん)、Sorry, I can't. (ごめんなさい、だめなんです) など。同じ意味のShall we 〜? ([一緒に] 〜しましょうか) (146) は相手の意向を意識した控えめな表現
Why don't we 〜? (一緒に)〜しませんか	Why don't we have a cup of coffee over there? (あそこで一緒にコーヒーを飲みませんか) ➕ Why don't you 〜? (168) は「〜してはどうですか」という意味
Can you 〜? 〜してくれますか	Can you tell me the way to Yokohama Station? (横浜駅までの道のりを教えてくれますか) ➕ Could you 〜? (〜していただけませんか) はCan you 〜?よりていねいな表現になる

③ 許可を求める

Can I 〜? 〜してもいいですか	Can I use your dictionary? (あなたの辞書を使ってもいいですか) ➕ 答え方はSure. (もちろん) / Yes, you can. (いいよ)、No, you can't. (いや、だめだよ) など
May I 〜? 〜してもいいですか	May I talk to you now? (今あなたに話しかけてもいいですか) ➕ Can I 〜?よりていねいな言い方。May I ask you a favor? (お願いがあるのですが) (178) も許可を求める表現。答え方はYes, you may. やNo, you may not.は目上の人が目下の人に言うのが一般的なので、Sure. (もちろん)、I'm sorry, you can't. (ごめんなさい、だめです)、I'm sorry, I'm busy right now. (ごめんなさい、今忙しいんです) などを状況に応じて使い分けよう

④ たずねる

What day is it today?
今日は何曜日ですか

➕「今日は何日ですか」は、What date is it today?

What do you think?
あなたはどう思いますか

➕What do you think about［of］〜?（〜について［〜を］あなたはどう思いますか）も押さえておこう

How long does it take?
（時間は）どのくらいかかりますか

➕このtakeは「（時間が）かかる」の意味

Pardon?
すみませんが、もう一度言ってください

➕相手の話が聞き取れなかったときに使う

---

⑤ 電話

May I speak to 〜?
〜をお願いできますか

May I speak to Jane?（ジェーンをお願いできますか）

➕電話で相手を呼び出してもらうときの表現

Hold on.
そのまま切らずにお待ちください

➕電話をかけてきた相手に使う

May I ask who's calling?
どちらさまですか

➕電話をかけてきた相手にたずねる表現

Sorry, you have the wrong number.
すみません、電話番号が間違っていますよ

➕間違い電話に対して使う

⑥ あいづち・語りかけ

I see.
分かりました、なるほど

That sounds nice.
いいね

Sure.
もちろん、そのとおり

Really?
本当ですか

I'd love to.
ええ、ぜひとも

I understand.
分かりました

Lucky you.
君はついてるね

Maybe.
たぶんね

⑦ 店で

Can I help you?
いらっしゃいませ

➕ May I help you?（124）の方が少していねい

For here or to go?
こちらでお召し上がりですか、
それともお持ち帰りですか

➕ ファストフード店などでよく使われる表現

I'll take it.
それをください

➕ 商品を手に持っている場合は I'll take this.（これをください）

Next, please.
次の方どうぞ

➕ 試着室やレジなどでお店の人が使う表現

Right this way, please.
こちらへどうぞ

➕ お店やレストランで案内されるときに使われる表現

今までの総仕上げだよ。
Let's try it!

Reading Review

ここまで学習した熟語を復習しながら、
リーディングに挑戦しましょう。
全部で5つあります。

Reading Review 1

次の英文と右ページの訳を読んで、赤字部分の熟語がしっかりと身についているか確認しよう。

Sarah never met her grandfather. He was killed in World War II, long before she was born(174). Her father sometimes talked about(049) him when Sarah was very young. He told her about her grandfather's time in the war and how he had fought in France and that he was in the British army, and so on(355). But at that time(024), Sarah found these stories anything but(375) interesting.

When Sarah was older, her grandmother used to(327) show her a variety of(373) photographs. One group of photos was older than the others in her grandmother's photo albums. As usual(351), Sarah looked at(009) them one at a time(413). After a while(341), Sarah pointed to one young man and said, "He's very handsome." Her grandmother agreed with(383) her and said, "That's your grandfather."

Sarah didn't think she'd seen this picture before. She was impressed with(321) how young and good-looking the man was. She was also surprised at(197) his appearance, because his eyes were similar to (352) her father's. And for the first time(185), she thought it was interesting to listen to the stories about him. She decided that one day(094) she would travel all the way(322) to France to see where he had fought.

Today, she lives and works in France as a history teacher.

□ army：陸軍、軍隊 □ point to ～：～を指さす □ good-looking：顔立ちの良い
□ appearance：風采、外観 □ decide (that) ～：(～と)決心する

サラは一度も自分の祖父に会ったことがありませんでした。彼は、彼女が生まれるずっと前に、第2次世界大戦で戦死したのです。サラがとても若かったとき、彼女の父は時々、祖父について話しました。彼は、彼女の祖父の戦時中のことやどのようにフランスで戦ったかということ、そして英国軍にいたことなどについて語りました。しかし、その時サラはこれらの話を決しておもしろいとは思いませんでした。

サラがもっと大きくなったとき、彼女の祖母がいろいろな写真を見せてくれたものでした。ある写真群は、彼女の祖母のフォトアルバムにあるその他の写真よりも古いものでした。いつものとおりに、サラはそれらを一度に1枚ずつ見ました。しばらくして、サラは一人の若い男性を指さし、「彼はとてもハンサムね」と言いました。彼女の祖母は彼女に同意して、「それがあなたのおじいちゃんよ」と言いました。

サラはこの写真を以前に見たことがあるとは思いませんでした。彼女はその男性がいかに若くて顔立ちが良かったかに感銘を受けました。彼女はまた、彼の外見に驚きました。なぜなら、彼の目は彼女の父の目と似ていたからです。そして、初めて、彼女は彼についての話を聞くのがおもしろいと思いました。彼女は、いつの日か遠路はるばるフランスまで、彼が戦った場所を見に行こうと決心しました。

今日では、彼女は歴史の教師として、フランスに住み働いています。

Reading Review 2

次の英文は、高校生の健太（Kenta）が、家族と日本に滞在しているアメリカ人の留学生ポール（Paul）の家に行ったときの会話である。英文と右ページの訳を読んで、赤字部分の熟語がしっかりと身についているか確認しよう。

Kenta: Paul, can I take a look at one of(137) the travel guides on your bookshelf?

Paul: Of course(080). Help yourself(397). Are you planning to go on a trip(339)?

Kenta: Yes. My father's taking a vacation for the first time in(389) three years. So, my family and I are going to(099) go abroad(165) this summer. We're discussing where to go.

Paul: That's nice. Where do you feel like(388) going?

Kenta: I've always wanted to(026) go to a tropical island. Do you know any good places?

Paul: How about(098) Hawaii? It never fails to(386) amaze people. It's a very beautiful place.

Kenta: Aren't there volcanoes on Hawaii?

Paul: Oh, yes. You can fly over them in a helicopter and look inside. It's a great adventure.

Kenta: That sounds dangerous.

Paul: Oh, no, no. You're in no danger of(359) the volcanoes erupting. Their activity is very mild.

Kenta: Really? Great, I'll have a look at the Hawaii page in the travel guide.

□ take a look at ～：～を見る　□ where to ～：どこに～するべきか　□ tropical：熱帯の
□ amaze ～：～を感心させる　□ volcano：火山　□ fly over ～：～の上空を飛ぶ
□ helicopter：ヘリコプター　□ erupt：噴火する　□ activity：活動

＊赤字の右の数字は、その熟語の見出し番号を表しています。和文の訳は、見出し熟語の第1定義ではない場合があります。また、訳中の見出し熟語訳は、文脈に沿って訳しているため、見出し熟語の定義と異なることがあります。

健太：ポール、君の本棚にある旅行ガイドの1冊を見てもいい？

ポール：もちろん。ご自由にどうぞ。旅行するつもりなの？

健太：そう。父が3年ぶりに休暇を取る予定なんだ。それで、家族と僕はこの夏、海外に行くつもりなんだ。どこに行けばいいか話し合っているところだよ。

ポール：それはいいね。どこへ行きたい気分？

健太：僕は以前からずっと熱帯の島に行きたかったんだ。どこかいい場所を知っているかい。

ポール：ハワイはどうだい？　ハワイなら、人を感心させないということは決してないよ。とても美しい場所なんだ。

健太：ハワイには火山があるんじゃないの？

ポール：うん、そうだよ。ヘリコプターで火山の上を飛んで、内部を見ることができるんだ。すばらしい冒険だよ。

健太：それは危険そうに聞こえるね。

ポール：あ、いや、いや。噴火の危険にさらされないんだ。火山の活動はとても穏やかなんだよ。

健太：本当?　いいね、旅行ガイドのハワイのページを見てみよう。

Reading Review 3

次の英文は、ALTのブラウン先生（Mr. Brown）と中学生の拓也（Takuya）との会話である。英文と右ページの訳を読んで、赤字部分の熟語がしっかりと身についているか確認しよう。

Mr. Brown: Well, Takuya, everyone at the volunteer center is proud of(367) you for helping to raise money for people in need(391) the other day(043).

Takuya: Thank you. It took me a long time to get the courage to try.

Mr. Brown: Well, you should believe in(353) yourself more. You brought in(354) a lot of(010) money that day.

Takuya: Maybe. But I felt very nervous.

Mr. Brown: Everyone begins with(371) that feeling. You don't need to(035) worry about(161) it. You'll soon get used to it.

Takuya: Well, it was my first time to do fundraising on the street like that. It was nice to feel I was helping other people.

Mr. Brown: I'm sure(377) something good will come of(380) this.

Takuya: Do you think so? What sort of thing?

Mr. Brown: Hm, I don't know what sort of thing, but when you do a good job(347), people notice.

□ volunteer：（無償で働く）ボランティア　□ raise money：募金する　□ courage：勇気、度胸　□ get used to ～：～に慣れる　□ fundraising：資金調達、募金活動　□ sort：種類

ブラウン先生：ああ、拓也、ボランティア・センターのみんなが、先日困っている人々のために募金活動をしてくれた君を自慢に思うよ。

　　　　拓也：ありがとうございます。やってみようという勇気を出すまでは、長い時間がかかりました。

ブラウン先生：うむ、君はもっと自分自身を信じるべきだね。君はあの日、たくさんのお金をもたらしてくれたじゃないか。

　　　　拓也：そうかもしれません。でも、僕はとても不安だったんです。

ブラウン先生：誰もがそんな感情から始めるものだよ。君はそのことで心配する必要はない。すぐに慣れるよ。

　　　　拓也：ええ、あんな風に街頭で募金をするのは、僕にとって初めてのことでした。ほかの人々を助けていると感じるのはすばらしいことでした。

ブラウン先生：きっと何かいいことが、このことから生じると思うよ。

　　　　拓也：そう思われますか。どのようなことですか。

ブラウン先生：うーん、どのようなことかは分からないけど、人が何かをうまくやりとげたとき、人々は気づくものだよ。

Reading Review 4

次の英文と右ページの訳を読んで、赤字部分の熟語がしっかりと身についているか確認しよう。

When Cheryl came home from work one day(094), the door handle came off(328) in her hand. Someone had broken into(378) her apartment and stolen almost everything. The police came over(356) quickly, but the thief was gone. They could do nothing but(384) make a report.

Cheryl didn't worry about(161) her stolen television. But her worst fear had come true(395): The thief had stolen her violin. It was Cheryl's dream to play violin professionally. She took lessons every other day(358) and practiced day and night(382). She was determined to(338) join the city orchestra.

In fact(298), she had an audition with the orchestra's leader the next day, but now she didn't have a violin! She couldn't afford a new one. Cheryl was very unhappy.

Later that evening, she decided to(200) give the orchestra leader a call(345). But before she had a chance to(369) pick up(195) the phone, it started ringing. It was the police. "We caught the thief that broke into(378) your house," said the officer. "I don't know what has become of(329) your television yet, but your violin is right here. You can collect it tonight, if you like."

☐ handle：取っ手　☐ steal：〜を盗む（過去分詞は stolen）　☐ thief：泥棒　☐ report：報告書　☐ fear：恐れ　☐ violin：バイオリン　☐ professionally：専門的に　☐ orchestra：オーケストラ　☐ audition：オーディション　☐ afford：〜を買う余裕がある

ある日シェリルが仕事から帰宅すると、ドアの取っ手が手の中に落ちました。誰かが彼女のアパートに押し入って、ほとんどすべての物を盗んだのでした。警察がすぐにやって来ましたが、泥棒は去ってしまった後でした。彼らは報告書を作成するばかりでした。

シェリルは盗まれたテレビのことは心配していませんでした。しかし、彼女の最悪の恐れが現実となりました。泥棒は彼女のバイオリンを盗んでいったのでした。プロとしてバイオリンを弾くのがシェリルの夢でした。彼女は1日おきにレッスンを受け、昼も夜も練習に明け暮れました。彼女は市のオーケストラに加わることを決心していました。

それどころか、彼女はその翌日に、オーケストラの指導者とのオーディションをひかえていたのに、その時、彼女はバイオリンを持っていなかったのです！　彼女は新しいバイオリンを買う余裕はありませんでした。シェリルはとても不幸な気持ちでした。

その夜遅く、彼女はオーケストラの指導者に電話をかけることに決めました。しかし、彼女が受話器を上げる機会が来る前に、電話が鳴り始めました。それは警察からでした。「われわれは、あなたの家に押し入った泥棒をつかまえました」と、警官は言いました。「あなたのテレビはどうなったかまだ分かりませんが、あなたのバイオリンはここにあります。もしご希望であれば、今夜受け取ることができます」

Reading Review 5

次の英文と右ページの訳を読んで、赤字部分の熟語がしっかりと身についているか確認しよう。

When Caroline and her family had to(016) move to Tokyo, Caroline was in the middle of(360) her school year. Needless to say(404), she didn't want to leave her friends.

When they arrived in Japan, Caroline was shocked at the thousands of(331) people on the sidewalks. In supermarkets, it was hard to tell one product from(349) another because she couldn't read the labels. And she lost her way(361) on the trains more than once. Caroline asked her father over and over(363) when they were going to(099) go home.

Soon it was time for Caroline to(408) go to school in Japan, Her family chose an international school instead of(337) a Japanese one. Caroline still missed her old friends but at the same time(267) she was enjoying her new life. Most of her lessons were in English, but she also learned to(346) speak Japanese. Japanese became her favorite subject, and she made good friends with(223) her Japanese classmates.

As Caroline learned more about Japan, she realized that moving to Tokyo had been great for her. She was having a lot of(010) fun now. And when her family had to(016) leave, she promised to(323) come back(060) to go to university.

☐ school year：学年（英米では通常、9〜6月） ☐ leave：（場所・人物など）から離れる、〜と別れる ☐ be shocked at 〜：〜に衝撃を受ける ☐ sidewalk：歩道 ☐ more than once：一度ならず ☐ realize：〜に気づく

キャロラインと彼女の家族が東京へ引っ越ししなければならなくなったとき、キャロラインは学校の年度の最中でした。言うまでもなく、彼女は友人たちと別れたくありませんでした。

彼らが日本に到着したとき、キャロラインは歩道にいる何千もの人々を見てショックを受けました。スーパーマーケットでは、彼女はラベルを読めなかったため、ある製品と別の製品を見分けるのが難しかったのでした。そして、彼女は電車に乗ると一度ならず道に迷いました。キャロラインは、いつ彼らが帰国するつもりなのか、父親に何度もくり返したずねました。

やがてキャロラインが日本の学校へ通う時期になりました。彼女の家族は日本の学校の代わりにインターナショナルスクールを選びました。キャロラインはまだ古くからの友人たちを恋しがっていましたが、同時に新しい生活を楽しんでいました。彼女の授業のほとんどが英語で行われましたが、彼女は日本語を話すことも習得しました。日本語は彼女の好きな課目になり、日本人のクラスメートと大変親しくなりました。

キャロラインが日本についてもっと知るほど、東京へ引っ越してきたことが彼女にとってすばらしかったことに気づきました。彼女は今ではとても楽しい時間を過ごしていました。そして、彼女の家族が（日本を）去らなければならなくなったとき、彼女は大学へ行くために（日本へ）戻ってくると約束しました。

ねぇねぇ、いくつ熟語やフレーズを覚えてる？

Hey, how many words and phrases do you remember?

INDEX

＊見出しとして掲載されている熟語は赤字、
それ以外の関連語は黒字で示されています。
それぞれの熟語の右側にある数字は、見出
し熟語の番号を表しています。

Index

どれだけチェックできた？ 1 ☐ 2 ☐

改訂版 聞いて覚えるコーパス **英熟語**

キクジュク
【中学英熟語】
高校入試レベル

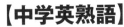

書名	改訂版 キクジュク【中学英熟語】高校入試レベル
発行日	2023年10月20日（初版）
企画・編集	株式会社アルク 文教編集部
英文執筆・校正	Peter Branscombe、Owen Schaefer Margaret Stalker、Joel Weinberg
アートディレクション	細山田 光宣
デザイン	小野安世（細山田デザイン事務所）
イラスト	shimizu masashi (gaimgraphics)
ナレーション	Chris Koprowski、Julia Yermakov、高橋大輔
音楽制作	H. Akashi
録音・編集	有限会社ログスタジオ
DTP	株式会社秀文社
印刷・製本	シナノ印刷株式会社
発行者	天野智之
発行所	株式会社アルク

〒102-0073 東京都千代田区九段北4-2-6 市ヶ谷ビル
Website：https://www.alc.co.jp/
中学・高校での一括採用に関するお問い合わせ：
koukou@alc.co.jp（アルクサポートセンター）